赢在青春起跑线丛书

北京师范大学心理学院博士生导师
儿童阅读与学习研究中心主任
教育心理与心理健康研究所所长
伍新春◎主编

青春密语（女孩版）

卢 佳◎编著

那些关于身体的奇怪问题

科学出版社
北 京

图书在版编目(CIP)数据

青春密语（女孩版）：那些关于身体的奇怪问题/卢佳编著.
—2版.—北京：科学出版社，2009
（赢在青春起跑线丛书/伍新春主编）

ISBN 978-7-03-023616-6

Ⅰ.青…　Ⅱ.卢…　Ⅲ.女性-青春期-健康教育-青少年读物
Ⅳ.G479-49

中国版本图书馆CIP数据核字（2009）第022178号

丛书策划：侯俊琳　曲衍立 / 责任编辑：汪旭婷　付　艳
责任校对：包志虹 / 责任印制：吴兆东 / 封面设计：无极书装

科学出版社出版
北京东黄城根北街16号
邮政编码：100717
http://www.sciencep.com
北京厚诚则铭印刷科技有限公司印刷
科学出版社发行　各地新华书店经销
*
2004年4月第　一　版　开本：720×1000　1/16
2009年4月第　二　版　印张：11 1/4
2025年7月第十一次印刷　字数：145 000

定价：48.00元
（如有印装质量问题，我社负责调换）

序言：青春的生命之歌

什么是“青春期”？这是一个不能简单回答的问题。有人把它看作是“急风暴雨期”；也有人把它视作是反抗或逆反期的确立，学者们称之为“心理离乳期”；但也有不少人把它讴歌为人生最灿烂美丽的一段日子，因为它是文学作品中永恒的题材。

实际上，“青春期”是一个专业用语，它指从身心发育开始到能够承担成人责任为止的一段时期。青少年既不是小孩子也不是成熟的人，少男少女的性冲动也许比他们的父母更强烈，身材也比父母更高大，但他们却不被允许做许多事，例如，寻找工作，抽烟酗酒，不到“法定年龄”不能结婚等。这些信息清楚地表明：成年人认为青少年容易冲动，所以为了他们的成长需要对这些“孩子”严加管教，这就使得青少年和他们的父母或师长经常发生冲突。中学生处在青春岁月的前期，其标志是以第二性特征显现（如女孩出现第一次月经，也就是初潮；男孩出现第一次射精等），即以生殖潜能开始出现的“发身期”作为发展的阶段。许多少男少女在青春前期就表现出对性的渴望，而并不是等到青春后期才出现，但一些与性相关的行为本质上不是性行为。例如，青春前期的中学生一般会有一些关系密切的“最好”朋友，他们相互信赖，一起分享双方之间的秘密。这些朋友通常与他（她）是同性别的，而且他们也倾向于在异性群体里形成更大的“朋友圈”，这不能简单地看作“早恋”。

随着青春前期的少男少女迅速地成长，他们也越来越关注自己的身体变化，逐渐形成自我的价值意识。同龄人的压力迫使他们穿着打扮相同的服饰，说着他们认为“合适”的流行语，形成他们对时尚、明星或爱情的一致看法，他们认为即使不被成人社会认可也不是一种什么大不了的惩罚。这就是为什么他们的情绪变化有时为父母和师长不理解的缘故。

当然，处在青春期的中学生，也会有好多的苦恼，会出现各种各样的心理危机，例如，学业的压力、交友的问题、情绪的起伏，特别是随体内性激素分泌的升高而增强的性驱动力以及由于性主题泛滥的社会媒体刺激，出现的精神不安定、困难和障碍等，当这些问题转化为心理不健康症状时，统称为“青春期危机症候群”。

“危机”（crisis）一词源自希腊语，原来的意思是“分离、区别、判断、决定”等，后来的含义为“重要的变化产生的转折点，面临选择或决断的歧路或境界点”。就如一个还未成熟的、青涩的苹果一样，青春期的中学生身心发展阶段，是一个发展阶段终了，迈向一个新的发展阶段的中间过渡期。此时原有的心理体制无效化了，而新的心理适应机制尚未构建，在这个过渡期中，是青少年精神不安定、心理情绪最容易出现危机的时期。

简单地概括一下：“青春期危机”的本质在于中学生对“成熟的渴求”或“苏醒”，与现实生活中的“停滞”或“障碍”两者之间的矛盾和摩擦所产生的心理不适应问题。

青春期的危机有时是“急风暴雨”式的，不安定的，危险的；但另一方面却具有新的飞跃，新的发展的可能性，犹如处于暂时的“休止”、“茧蛹”期，羽化和新生的阶段就快到来了。从这个意义上说，危机也是“转机”，是发展变化的转折点。国外一位著名的教育家这样说过："青春期的成熟危机，是成熟过程中必然相伴的产物，除非敢于面对，勇于正视以及去克服危机，否则一个人是难以自立的。也就是说只有通过危机、克服危机，我们才会成熟……"

科学出版社出版的"赢在青春起跑线丛书"是一套以少男少女的"成长心事"为主题的教育科普读物，它帮助青少年深入了解青春的意义，建立乐观进取的人生观，学会包容、接纳和欣赏自我和他人；它启发生命的智慧，体现全人教育的理念，引导青少年不仅成为成熟的个体，更成为具有和谐群性、健康向上的社会人。整套丛书主要内容可分为以下四个方面：一是对少男少女由于生理、心理发展过程中出现的青春困惑进行指导，并做好自我保护，防止隐性伤害；二是传授和训练青少年的情绪智慧，提高中学生人际沟通包括与异性交往的能力；三是"文武之道、一张一弛"，教会中学生处理好学业成绩与身心锻炼、娱乐之间的关系，做到德智体全面发展；四是增强青少年的自我责任感，提倡"千里之行，始于足下"的观念，中学生要树立远大的理想目标须从完善自我开始。

本丛书是四年前出版的"中学生健康成长丛书"的修订版，此次修订有两个重要特色：一是体现了时代发展的气息，回答了许多中学生在青春期身心发展过程中的"新"问题；二是更加注重心理辅导的方法，体现"生命教育"的理念。丛书的各位执笔的作者，设身处地从青少年伙伴的角度出发，循循善诱，行文生动有趣，各册内容具有很高的艺术性和可读性；科学出版社的编辑同志付出了大量的心血，精心编排了本丛书，并配上许多生动、精美的插图，给青少年带来阅读科普读物的知识享受。本丛书也可供关心青少年成长的父母、学校和家庭教育的工作者以及从事学校心理健康辅导的专业人士阅读和参考。

青春是一种人生的成长与挑战，也是一首生命如花的赞歌，愿青少年朋友们在阅读本书的同时，为自己开启一个崭新的精神世界。

徐光兴
华东师范大学心理学教授、博士生导师
教育部中小学心理健康教育指导委员会委员
上海心理学会临床心理学与心理咨询专业委员会主任

目录 Contents

五 让青春更健康

六 透视青春心理

一

叩问生命本源

1. 我的身体我知道

——生命大厦的奥秘

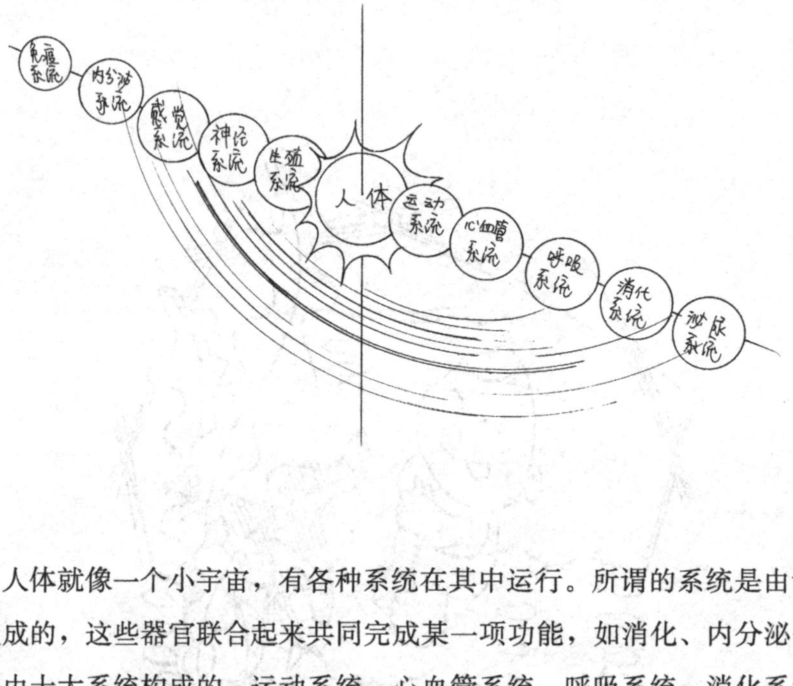

人体就像一个小宇宙，有各种系统在其中运行。所谓的系统是由许多器官组成的，这些器官联合起来共同完成某一项功能，如消化、内分泌等。人体是由十大系统构成的：运动系统、心血管系统、呼吸系统、消化系统、泌尿系统、生殖系统、神经系统、感觉系统、内分泌系统和免疫系统，下面就分别介绍一下。

顾名思义，运动系统是让我们运动的，它由206块骨头、600多块肌肉和一些关节组成。骨头构成人体的支架，而关节把骨头联系起来。肌肉是附着在骨头上面长的，随着肌肉的收缩和放松人就运动起来了。除此之外，运动系统还可以支持体重（如果没有骨头，我们的全身都会被地球引力吸引贴在地面上了），保护内脏器官。

心血管系统是由心脏和血管组成的。它的职责就是让血液在体内不停地流动，把营养物和氧送到全身各处，同时把新陈代谢产生的废物和二氧化碳带走。心脏是这个系统的核心，它每跳一次就要往外喷射一次血液。一个成年人的心脏一天要跳约10万次，喷射约7500公斤的血液，而遍布全身的大小血管如果连起来最长可以达到4万公里。这是一个多么强大的运输线呀！

呼吸系统是由肺和呼吸道构成的，是人体的气体交换站。我们都知道人不能离开氧气生存，我们把空气吸进体内以后就到达了肺，在那里把体内的废气和外界新鲜的氧气进行交换，然后被血液送往全身各处。

消化系统是一个食品加工厂，由消化道和消化腺组成，具体地说，消化道包括口腔、咽喉、食管、胃和大小肠，消化腺包括肝、胰、唾液腺、大小肠腺。食物在嘴里的时候就被唾液腺分泌出的唾液初步消化了一下，然后在胃里被搅拌分解，接下来主要在小肠里被吸收，最后经过大肠继续吸收后被排出。

泌尿系统是由肾脏、输尿管、膀胱和尿道组成的，它就像人体的环卫部门一样，血液每次经过肾脏的时候都会被它过滤一遍，那些没用的、有害的东西就被留下来形成尿液排出体外。

神经系统是人体的指挥官，一切活动都要由它调配。脑和脊髓是首脑，其他遍布全身的神经就是负责传递消息的小兵了，不仅要把首脑的命令传达给各种器官，还要把各个器官的状况随时报告给大脑。同时，神经系统也是我们产生各种复杂的心理活动的基础。

感觉系统是人体的情报系统，不管是磕着碰着了，还是身体内部有什么异常的感觉，都会报告给大脑。所以它的分布也及其广泛，首先是覆盖全身的皮肤，还有内脏、血管、关节等好多地方都有它的部署。如果没有它，我们就没法感受这个世界了。

内分泌系统是由好多内分泌腺构成的，如甲状腺、性腺、垂体、松果体等，这些内分泌腺分泌出的东西（就是激素）可以调节人体的发育，对青春期的发育起到很大的作用（后面我们还会讲到这个问题）。所有的内分泌腺都直接或间接受神经系统的调节，所以说它是神经系统的好帮手。

生殖系统的任务就是为生小孩服务，最重要的当然是产生生殖细胞：精子和卵子，分泌性激素。它包括外生殖器和内生殖器，当精子和卵子在母体内结合成为受精卵时，会继续发育成胎儿，最后从阴道出来。

免疫系统是人体的保安系统，时刻监视着有没有异常的东西进入体内，有没有细胞发生病变，一旦发现异常情况就会去杀死这些坏分子，保证身体的安全。骨髓、胸腺、扁桃体、脾和淋巴结都是免疫器官，要保护好它们，它们自己一旦生病，就不能执行保安的职责甚至还会叛变，那时候就麻烦了。

这十大系统在神经系统和它的助手内分泌系统的调节下和平共处，各司其职，使得人体这个小宇宙可以正常运行，让我们充分体会生命的美好和丰富多彩。

2. 我从哪里来?

——生命的诞生

小的时候我们似乎都问过爸爸妈妈这样一个让他们觉得不好回答的问题：我是从哪来的?那个时候爸爸妈妈都很少做出正面的回答，要么说我们是从垃圾堆里捡来的或是从石头里蹦出来的，要么就敷衍说你将来长大就知道了。但我们究竟是从哪里来的，也许到现在你还不是很清楚，那就从头说起吧。

首先必须让母亲怀孕，也就是男女生殖细胞（精子和卵子）相结合。这一过程要通过性交，使精子可以随精液从女性的阴道进入体内。精子是人体内最小的细胞，肉眼是看不见的。它有一个长长的尾巴，摆动的尾巴就像一个推进器。它的头部则是创造生命的重要部分。如果精子来的时候不对，恰好不在女性的排卵期内，那么阴道内偏酸性的环境会很快使精子都失去生殖能力甚至死亡，而且子宫颈口周围会有浓稠的宫颈黏液，使精子几乎不能通过。只有当女性在排卵期的时候，精子可以顺利进入输卵管，卵子就在这里(一般卵子都是每个月排一颗，但偶尔也会有两个一起排出，这就是形成双胞胎的原因了)。但是，卵子的外面有一层透明的物质把卵子和周围的东西隔离开，当众多精子把卵子团团围住的时候，只有最健壮的那个精子可以最先释放出一种溶解酶把这一层透明物质溶解掉，同时自己也就进入了卵细胞。就在这一瞬间，这层透明物质发生了变化，使其他精子再也不能穿过了。这时候新生命的性别也已经决定了，因为精子和卵子都各有一条性染色体，这两条染色体的组合决定了性别。卵子的染色体是 X 型的，精子的则有两种：X 型和 Y 型。如果是 XX 结合，那么就是女孩；如果是 XY 结合，就是男孩。由此可以看出生男生女并不是可以人为控制的，完全是一种随机现象。精子的头进入卵细胞后就形成了一个新细胞，我们称它为“受精卵”。

形成受精卵后，只是走出了诞生新生命的第一步，后面的路还很长，所谓的十月怀胎指的就是之后的这段时间。受精卵会在形成后的 36 个小时内开始分裂，变得越来越大，并逐渐向子宫内移动，最后在子宫内安家落户。这一过程称为“着床”，此时受精卵已经发育成胚种了，它把自己像种子一样埋在子宫壁上，然后逐渐发育成胚胎。胚胎时期是一个很关键的阶段，因为这个时候心脏、眼睛、耳朵在形成，手和脚也会变成他们最终的形式。所以，如果这个时候有有害物质侵入胚胎的话就会造成永久的损伤。然后胚胎发育成胎儿，这时候就已经初具人形了。

从怀孕到胎儿生出来大概要经历 280 天左右。最后它会从母亲的阴道出来，这是一个很痛苦的过程。值得一提的是，胎儿在母亲体内是靠一根脐带联系的，通过脐带从母亲身体里取得养料，同时把自己的代谢废物送给母亲排出去。孩子出生的时候要把脐带剪断，我们的肚脐眼就是剪断脐带留下的伤口。所以，我们会用剪断脐带来比喻一些新事物的诞生。不过脐带里没有神经，所以剪断它也不会觉得疼。

青春期小测试

请在给定的答案中选出正确的答案

1. 人类胎儿通常在母亲肚子里生活

A. 6 个月　　B. 10 个月　　C. 9 个月

2. 为胎儿提供氧气与营养的器官是

A. 脐带　　B. 胎盘　　C. 羊膜囊

3. 胎儿生活在一个充满液体的场所叫什么名字，这地方是对他起着保护作用的缓冲器

A. 羊膜囊　　B. 脐带　　C. 子宫

4. 胎儿与胎盘相连是通过

A. 输卵管　　B. 脐带　　C. 细胞团

5. 胎儿的四肢、手和脚发育完全是在

A. 两周　　B. 第二个月末　　C. 一个月

6. 胎儿体内的二氧化碳和食物残渣之类的废物进入母体的静脉，并排出体外，是通过

A. 直肠　　B. 脐带　　C. 肠

7. 当胎儿不能正常地发育时，母体在妊娠期终结前，早早地就将他排出，这叫做

A. 流产　　B. 分娩　　C. 晚期流产

8. 怀孕的最后三个月期间，胎儿

A. 只发育他的四肢、脚和腿

B. 已变成头向下位

C. 能看见影子、听到母体内的声音

9. 妊娠期持续

A. 280 天　　B. 450 天　　C. 200 天

10. 怀孕期间，母亲不能服用下列东西

A. 软饮料

B. 酒和阿司匹林之类药物

C. 糖

答案：

1. C

2. B　胎儿的氧是由胎盘通过脐带供给的。由于胎儿以这种方式获得氧，他不用自己的肺进行呼吸，所以能生活在羊水里。

3. A　羊膜囊里充满的液体叫羊水，胎儿泡在其中，会喝进去羊水，然后又以尿的形式排出羊水，不过羊水是在不断清洁和补充的。

4. B

5. B

6. B

7. A　虽然妊娠期一般是 280 天，一些婴儿却过早地降生。如果是 7 个月以后早产，胎儿经过精心护理还有可能存活，如果是七个月以前早产，存活的希望就比较小了。

8. C

9. A　妊娠期是指胎儿在母亲体内生活的时间。

10. B　酒和很多药物对母亲来说都是安全的，但是会对胎儿造成很大的影响，比如酒会引起胎儿胰腺、肝和脑损伤等，还有流产的危险。

3. 青春突变

——人生的金色年华

“我的一对‘鸽子’慢慢地隆起来了，有时还偷偷地想一想我是怎么出现在这个世界上的。我还开始留意班上的一个男生。我的身体长毛了，会不会从此变成多毛症，像一个可怕的大猩猩？还有月经、青春痘、卫生巾、胸罩已经够我烦的了，偏偏亲爱的妈妈还老是数落我的不是，唠叨我的行为举止跟往常不一样了。害得我的心情像天上的风筝一样，忽上忽下。难道这就是所谓的‘骚乱的青春期’吗？”（摘自 15 岁的寒寒的日记）

当小姑娘们还在欢蹦乱跳、跳皮筋、踢毽子的时候，当小男孩们带着满身尘土踢球、追打的时候，他们都还沉浸在童年的欢乐中，青春的脚步悄悄来到了他们身边。青春期，一个充满神秘和令人向往的阶段，一个把小孩变成大人的阶段终于来了。

人的一生从呱呱落地开始，要经历婴儿期（周岁以内）、幼儿前期（1～3岁）、幼儿期（3～6岁）、儿童期（6、7岁～10、11岁）、青春发育期（10、11～17、18岁）、青年期（青春期以后）、成年期，直到最后的老年期。就人体从胎儿到成熟的生长发育情况来看，人体经历了两次生长高峰时期，一次高峰是从胎儿到出生后第一年，另一次就是青春期，见下图：

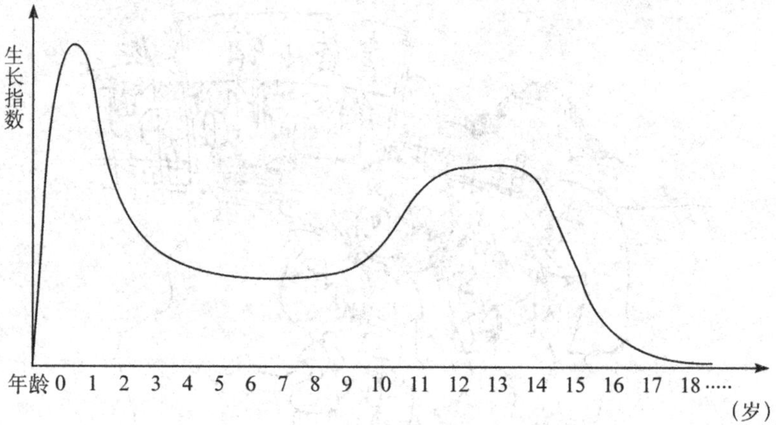

身体生长曲线示意图

青春期是指一个人成长过程中，从儿童发育至成人，身心各方面发生快速变化的过渡时期。也就是说，一个头扎蝴蝶结蹦蹦跳跳，整天缠着外婆讲故事的少女，经过了青春期以后将长成亭亭玉立的大姑娘。青春期是以性器官的发育为标志的，这些变化主要通过第二性征表现出来。

所谓第二性征就是指区别男女性别差异的一些外部特征。人一出生就有男女之分，生殖器官的差异为第一性征，这在胚胎时期就形成了。第二性征则在青春期逐渐出现，比如，男孩身材魁梧、肩膀宽阔、喉结突出、长有浓密的胡须和体毛、音调低沉等；女孩则乳房隆起、骨盆宽大、体态丰满、音调尖细等。这时男女都会有阴毛、腋毛出现，这些都是性激素作用的结果，是一种自然属性。可是有些女孩为此很烦恼，觉得自己长变了，觉得难为情。其实部分原因是因为青春期的女孩把太多的目光都停留在自己身上，只要观察一下周围的同龄人，就会发现大家都差不多，那样就会慢慢适应自己身上的变化了。

青春期是每个人的必经阶段，第二性征往往会成为衡量发育是否正常的标志。同时，身体形态、功能和素质等方面也会发生很大的变化，如果把人体比喻为由数百亿个“生命之砖（细胞）”建成的“生命大厦”，那么青春期就是这座大厦的基础工程，处在“快速加工阶段”。这个时期施工的质和量将决定这座大厦的质量和寿命。因此，多了解一些关于青春期发育的知识，正确对待身体所发生的变化，对顺利完成这一复杂的人体工程有很大帮助。

二

追踪青春身影

1. 外表特征变化神速

初中以前的男孩和女孩从外表上看差不多，如果穿上一样的衣服坐在一起，可能就很难分出哪个是男孩，哪个是女孩了。但进入初中以后，相同的衣服也掩盖不了女孩身体外形的变化了（这种身体外形的性别特征被称为第二性征），就是说第二性征开始发育了，这是青春期的一个显著变化。第二性征的发育顺序大致如下：

8～9 岁：骨盆开始变宽，皮脂腺分泌增加；

10 岁：皮下脂肪变厚，臀部变圆，乳房开始发育；

11～12 岁：乳房继续发育、稍微鼓起，出现阴毛，声音变高变细；

13 岁：乳房显著增大，长出腋毛，出现月经；

14～15 岁：乳房基本发育成熟，胸部丰满，手臂、臀部变圆，腰部相对较细，骨盆明显变宽，月经基本形成周期，脸上可能长青春痘；

13～18 岁：月经周期形成规律，乳房发育成熟，阴毛蔓延至大腿上部、下腹部，形成倒三角形。

女性一生身体外形的变化：9～10 岁，前青春期，骨盆骨骼开始发育，脂肪积累在乳房、臀部和四肢，身体外形仍然是稚气的小孩；11～16 岁，青春期，乳房开始发育，腋毛、阴毛也开始长出，生殖器官开始发育，更多的脂肪积累在乳房、臀部和四肢，初步有了姑娘的身形；十七八岁以后，进入成熟期，身体发育更加匀称，体态丰满但不臃肿，宽臀细腰更显女性风采。

青春期的另一个显著变化就是身高和体重的迅速增长。在这之前，女孩的身高大约每年增长 3～5 厘米，这个时候则几乎加倍，以每年增长 6～8 厘米，甚至 10～12 厘米的速度增加。

由于女孩比男孩提前两年进入青春期，所以这个时候女孩会发现自己比班上很多男同学都要高了，而过两年之后男生也进入了青春期，就会很快后来居上了。所以，如果女孩想长得更高的话，一定要在这个长高的黄金时间加强锻炼，如打篮球和跑步等。这种身高的迅速增长大约持续两三年，主要是下肢骨的增长，在这之后就主要靠脊椎骨的生长长高了。女孩的身高定型一般在 19～23 岁。随着身高的迅速增长，体重也明显增加，平均每年可以增加 5～6 公斤甚至 8～10 公斤。不论是男孩还是女孩，在青春期体重几乎都增加了一倍。在性成熟以后，体重还会继续增加，这除了与骨骼的生长有关外，还和内脏的增大，特别是肌肉和脂肪的增加有关。由于皮下脂肪比较多，所以女孩往往显得比较丰满，有些女孩就一时不能适应这样的变化，老觉得自己太胖了，其实只要你注意观察一下周围的同龄人就会发现她们中的大多数也常常跟你有相似的变化，这是发育过程中的正常现象，就不用想着去减肥了。

以上说的是青春期外形变化的大致情况，但每个人的发育都会有不同，有人会一下子蹿得很高，有人则迟迟没有动静。一般来说，青春期的变化比别人早或者晚两三年都是正常现象，不用过分担心。

成长日历

幼儿时的照片　　儿童时的照片

小学时的照片　　初中时的照片　　现在的照片

1. 这一年来，你的容貌、身体最大的变化是什么？

2. 在这些变化中你感到高兴的是什么？

3. 你感到苦恼的是什么？

4. 你感到困惑的是什么？

5. 你的容貌和身材中最独特的，能让别人羡慕的是什么？

青春期小测试

判断对错

1. 女孩的急速长高会比月经早开始。

2. 对不同的女孩而言，急速长高期发生在不同的年龄，而且有的女孩会更明显。

3. 男孩也会出现急速长高期，但他们出现的时间晚一些，持续的时间也长一些。

4. 如果你在急速长高之前是属于矮小型的，那么你长大之后也会是矮小型的。

5. 急速长高是从腿开始的，然后才是上半身。

6. 女孩在月经初潮来临后，到长到成人的身高以前平均每年会长6～8厘米，然后就会停止生长。

7. 急速长高期会先影响你的腿及上半身骨骼的生长，然后才是你的脚。

答案：

1. 是：而且当月经来潮的时候，女孩们已经过了急速长高的高峰期了，所以此时的长高速度开始慢下来。

2. 是：每个女孩进入青春期的时间可能有不同，有的可能 9 岁就开始迅速长高了，有的可能只长高几厘米，有的则可能要长高十几甚至几十厘米。

3. 是：男孩确实也有急速长高期，持续时间也确实要比女孩长一些。

4. 非：有的女孩在急速长高前很矮小，但是在急速长高期会长高很多，所以长大以后身材也很高大。

5. 是：而且腿会比身子长得多一些。

6. 是：但这也是个平均数，很少有人恰好落在平均数里，事实上每个女孩在月经初潮之后身高每年都会增加 0.5～10 厘米。

7. 非：恰好相反，是从脚先开始的。

2. 悄悄变化的身体

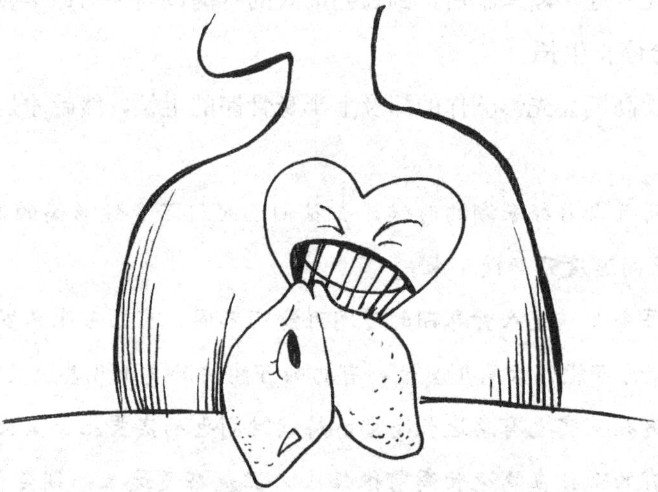

随着身体外形的急剧变化，青春期女孩的内脏器官也在迅速发育，功能开始健全。

首先是脑和神经的发育。脑是控制和协调人体生理活动的最高指挥部，它的生长速度从小就一路领先于其他器官。人在一出生的时候，脑的重量大约为 350 克，到 12～14 岁的时候已经基本接近成人脑的重量。进入青春期以后脑的重量和容量变化不大，主要是脑的内部结构和功能不断完善、分化。儿童期的脑细胞形状都差不多，不能各有各的专职，只有到了青春期才逐渐发育成熟，可以进一步分工，各司其职。可见青春期发育的重点已经转到功能方面，即脑细胞的结构和功能变得更加复杂，神经纤维变粗变大，分岔也变多，这就使得脑内各个细胞团之间的联系加强、加快了。这一切都是联想、推理、抽象思维等过程的基础。所以这个时候的思维、理解、判断和分析能力都有较大提高，是脑神经产生质变的时期，是思维活跃、精力旺盛、智力发展的飞跃阶段，所以有人说青春期是人一生中的黄金时代。但话又说回来，这个时候脑和神经的功能还不稳定，要注意科学用脑，劳逸结合。培养多方面的兴趣对大脑发育有促进作用。

其次是心血管的发育。青春期开始，心脏迅猛生长，重量可以达到刚出生时的10倍，18岁时的心脏在重量和容积方面都已经接近成人的水平了。构成心脏的肌肉增厚，肌肉纤维也变得更有弹性，这就为心脏收缩时能排出更多的血液创造了条件。同时，血管壁也在增厚，弹性也增加了，输血量增加。但是，血管增长的速度落后于心脏的速度，所以有时候会出现血压偏高的现象，不能依此确定为高血压病。另外，女孩的心跳一般比男孩快8～10次/分，心脏的重量和容积也比男孩小10%～15%，所以女孩在劳动量和运动量上都没必要和男孩比，这样才有利于身体健康和正常发育。而且这个时候虽然心血管系统已经迅速发育生长了，但和成人比起来还有一定差距，所以也不能按成人的标准来要求自己。适当的劳动和体育锻炼可以促进心血管的健康成长，使其功能更加完善。

再次就是肺的发育。肺活量是衡量肺功能的主要指标。据统计，10岁时的肺活量平均为1400毫升，到了14～15岁的时候就增加到了2000～2500毫升。呼吸次数则从儿童时的每分钟呼吸25次左右降到了20次左右。女孩大约在16～17岁的时候肺活量可以接近成人水平。但青春期肺的发育还没有完全成熟，还不能像成人那样在气体交换时将废气尽量呼出，而且因为心脏的功能也没有完全成熟，这个时候的呼吸频率比成人快，特别是兴奋或从事体力劳动的时候。经常参加体育锻炼和户外活动有利于肺功能的发育。

小广播

少女应少喝汽水

哈佛大学公共卫生学院生物统计学副教授怀沙克说，调查显示，喜欢喝汽水而又好动的少女，比不喝汽水的少女发生骨折的风险高4倍。这可能和汽水含有的磷酸有关。磷酸对钙的新陈代谢和骨质特别有害。研究员还有另一项发现，即少女渐渐以汽水取代牛奶，这使她们正在发育的体格缺少骨骼所需要的钙。怀沙克建议少女少喝汽水多喝水。

来源：《上海译报》（小夫）

3. 性发育的“根据地”

人体发育最晚的是性器官，从青春期才开始发育成熟。女孩的性器官包括外阴、阴道和内生殖器。除了外阴可以看见以外，其他部分都在身体里面。

● 外阴。外阴的左右各有一片大阴唇，在每片大阴唇里面，又各有一片浅红色的小阴唇，两片小阴唇上端连合的地方是阴蒂。阴蒂的下面是尿道口，尿道口再往下才是阴道口。你可以用一个镜子对着光线观察一下你这部分的结构。

● 阴道。阴道是内外生殖器之间的通道，是一个扁平的管道，伸缩性很大，内壁柔软湿润。在青春期，女孩的阴道变长，大约有8～10厘米；分泌物也开始多起来。这些分泌物是酸性的，具有阻止病菌在阴道繁殖的作用。阴道的内口通过子宫颈与子宫相连，因此它既是月经排出和精子进入子宫的通道，也是将来分娩胎儿的通道。

●子宫。在儿童期是圆柱形，进入青春期以后迅速长大，变成上宽下窄的形状，位于腹部盆腔的正中央：子宫底朝上，子宫颈朝下，正好与它下面的阴道相连，像一个倒着放的梨。子宫内膜周期性的变化，形成月经。将来如果你要做母亲的话，胎儿就是在这里生长的。

●输卵管。子宫底部的左右两边各连着一根管子，就是输卵管。输卵管的两端粗细不一样，细的一头和子宫连着，粗的一头看上去像个喇叭，围着卵巢摆动。它的内壁有许多纤毛，可以通过向子宫方向摆动把掉进喇叭管的卵子送进子宫。

●卵巢。它在子宫的两边，左右各有一个，椭圆形。女孩一出生，卵巢里面就有大量的原始卵泡，准备将来成熟的时候释放出去。女孩进入青春期后，卵细胞开始发育成熟，每个月卵巢将排出一个成熟的卵子，大约在月经周期的中间（一个月经周期是指一次月经开始到下一次月经开始中间间隔的这一段时间）。排出的卵子很快进入输卵管，如果卵子在输卵管中遇到了精子，就成为受精卵，受精卵在准备好的子宫里面安家，发育成胎儿。如果卵子没有遇到精子，没有受精的卵子就会逐渐衰退、死亡，子宫内膜随后也就脱落，连同破裂的血管和血液排出体外，形成月经。卵巢及其分泌的雌激素在维持女子气质方面也有重要作用。

4. 神通广大的雌激素

主宰青春期生长发育的功臣是激素，旧称叫做荷尔蒙（hormone），主要是下丘脑、垂体、松果体、胸腺、性腺、肾上腺和甲状腺。

垂体是全身各个内分泌腺的领导，是大脑底部统率全身内分泌系统工作的司令部。进入青春期以后垂体也开始异常活跃起来，全身各处成长的信息都会通过大脑传递给它，刺激它分泌各种激素，这些激素可以调节其他内分泌腺的活动，从而调节青春期的生长发育。除此之外，垂体还能分泌一种叫做生长素的激素，它是人长高的直接原因。如果分泌过少，身材会很矮小；分泌过多，则会身材过高。研究表明生长素在晚上睡觉的时候分泌最多，所以如果你想长高一些的话就要保证充足的睡眠。

松果体是位于大脑附近的一个很小的结构；胸腺则位于胸上部和喉咙下部。这两种内分泌腺在儿童时期特别发达，那个时候的主要功能是抑制性发育，阻止一个人过早地性成熟。进入青春期，松果体和胸腺就自动退位，所以性发育就成了青春期发育的主题。

甲状腺在脖子前的气管两侧，可以分泌甲状腺素。甲状腺素除了控制身体能量的传递外，还能促进骨骼结构适应性的生长发育、牙齿的生长以及大脑的发育，并将软骨组织变为骨骼组织。

性腺是使青春期的男孩变成男子汉，女孩变成大姑娘的功臣，因为是性腺的活动增加引发了第二性征出现。性腺虽然是自一出生就有的，但因为有松果体和胸腺的抑制，它一直处于休眠状态，直到进入青春期以后才开始复苏，分泌性激素。就是性激素决定了少男少女第二性征的出现。男孩女孩的性腺是不一样的，男孩的性腺在睾丸里，女孩的性腺在卵巢里。

性腺在青春期之前都能同时产生两种性激素：雌激素和雄激素。也就是说，每个小男孩和小女孩体内都同时存在这两种激素。雌激素的主要功能是使人产生女性特征，雄激素则可使人产生男性特征。因为儿童期时雌、雄激素在体内含量都很少，所以很难根据外形特征辨别一个七八岁的小孩是男是女。进入青春期后，性腺迅速发育，在垂体分泌的激素的作用下，性腺分泌了大量同性激素，也就是说这时候男孩体内的雄激素迅速增加，含量远远超过体内雌激素；而女孩体内突然增加的则是雌激素，含量也远远超过体内原有的雄激素。所以，青春期的女孩出现了乳房发育、月经，以及越来越像妈妈的身体外形特征。除了分泌性激素外，性腺还产生成熟的精子和卵子。具体说就是男孩的睾丸产生精子，女孩的卵巢产生卵子。女孩进入青春期，卵巢中的卵细胞才开始成熟。精子和卵子的出现意味着青春期少男少女开始具备生育能力。

肾上腺也对青春期的身体变化产生了不可忽视的作用。每个人都有一对肾上腺，在左右肾脏的上方。它能分泌好几种激素，其中有一种雄激素，男孩女孩都是如此。进入青春期后肾上腺的雄激素产量比以前增加，虽然这跟女孩体内大量的雌激素比起来算不了什么，只能使女孩产生阴毛、腋毛和汗毛。但如果分泌过多也会带来一些麻烦，如果发生在青春期前期，女孩会出现性发育过早的现象；如果发生在青春期后期，则会让女孩出现一些男性的外形特征，如汗毛过重、声音浑厚等。

5. 每个月的大事

“我这是怎么了？”一个十几岁的女孩看到内裤上突然有了血，感到惶恐不安，会有种种疑问，这血是从哪里来的？是不是自己得了什么病？怎么这么倒霉呀！如果你充分了解了这个事件的前因后果和它对自己的意义，一定会欣喜地等待这一刻的到来。

这就是通常人们说的月经或例假，是当一个女孩生理发育到一定程度，她的子宫内膜在卵巢分泌的性激素的作用下，发生周期性的剥离、出血现象。月经的出现掀开了女孩生命中新的一页，标志着她的身体开始成熟了。我们把女孩的第一次月经称为初潮。大多数的女孩初潮年龄是十二三岁，相差几年都是正常的，因为初潮年龄受着很多因素的影响，诸如种族、文化、气候、环境、体质、运动、营养等。在我国，总的来说，城市女孩的初潮年龄要早于农村女孩，当代女孩的初潮年龄早于前代。这主要是由于营养的改善，以及现代都市社会的文化刺激比较丰富所致。即使是同一班级的女生，月经初潮年龄也有很大的差异，有的女孩10岁左右就有了月经，而有的女孩初中毕业了还没有动静。这只是发育早晚的问题，发育到一定程度它就会自动出现，来得早的不用惊慌，来得晚的也不必担心。

那么，有没有办法可以知道什么时候月经初潮会拜访自己呢？光看年龄显然是不行的，其实在初潮前，女孩的全身会出现一系列的变化，可以根据这些变化来推测自己什么时候来月经：①从阴道里流出类似蛋白样、透明略带黏稠的液体的2～3年后将会有月经初潮；②乳房开始发育的两年内将会有月经初潮；③在9～10岁后每隔半年测量一次身高、体重，发现身高、体重突然增加，预计再过半年左右将会有月经初潮。

有的女孩担心每个月流那么多血会不会影响健康，其实经血并不是通常意义上的血，它是血液向身体提供养料后剩下的废物，来月经是不会伤元气的。有的女孩在初潮后的一段时间内月经常常没有规律：有的几个月不来，有的间断无规律或者是经期长短不一，或是经血多少不等。这也不用担心，一般来说，初潮到下一次月经的间隔时间在9个月以内都是正常的，而到正常周期月经的时间正常范围是两年内，毕竟这对身体来说也是一件大事，需要一段时间来完善发展。

还有的女孩在月经期间会感到些微微的腹痛和肿胀，可以喝一杯热红糖姜水，或采取俯卧位休息，在下腹部放一个热水袋也是缓解疼痛的好办法。有时候轻微的活动也有助于缓解疼痛，如慢跑两圈，或者做一些简单的家务，可以分散一下注意力，还可以帮助子宫排出里面充盈的分泌物，从而缓解疼痛。另外还要注意经期保健，这一点我们还会专门提到。

在女性的一生中，月经大概会持续33～35年。虽然每次月经都会给自己增添不少麻烦，但如果注意经期卫生保健、适当休息的话，月经并不影响你的正常生活。千万不要把自己当病人看待，要不然反而会加重月经期间的身心不适。

青春期小测试

判断对错

1. 你在月经初潮时就可以使用卫生棉条。

2. 如果月经时出血不规则，或者出血量太大，应该去医院检查一下。

3. 你应该每隔 3～4 小时就更换卫生棉条。

4. 在月经周期中，女性的体温是有高低变化的，常常是月经前半期体温稍低，后半期体温稍高。

5. 月经不按正常周期来潮，有时提前，有时拖后，这是正常现象。

6. 月经期间流血过多，身体虚弱，所以不能上体育课。

答案：

1. 是：任何人都可以用卫生棉条，即使是在第一次也是一样的。

2. 是：正常的月经每次的经血量大约为 50 毫升，一般不超过 100 毫升。经血过多，如果是一次性大量出血，可能造成休克；如果是每天的量不多，但月经从这个月一直连到下个月，可能造成慢性贫血。所以要及时医治，只要治疗正确，月经很快就能恢复正常。

3. 是：使用卫生棉条有可能感染一种非常严重的中毒休克症，但是这很少见，只要你每隔 3～4 个小时就更换一次棉条，并在晚上睡觉的时候改用卫生巾，就可以帮助自己避免这种感染。

4. 是：因为排卵后卵巢分泌的孕激素能刺激体温中枢，使体温略为上升，正常妇女在排卵后体温可升高 0.3～0.5 摄氏度。

5. 非：如果提前和拖后在 7 天以上，而且连续三个月经周期不正常，称为“月经先后无定期”。这是一种病，多与肝、脾、肾有密切关系，需要去医院检查。

6. 非：理由在上文中已经有说明。前些年的女学生在月经期间之所以不上体育课，是因为那时候的卫生用品不像现在这么方便、安全，现在的卫生用品保证50分钟的轻度运动而不用更换是毫无问题的。

6. 女性的标志

—— 乳房

乳房是女性哺乳器官，也是女性最鲜明的标志之一。它的主要功能是通过化学变化把血液变成乳汁，而它本身只是一个经过改造的比较复杂的汗腺而已。青春期到来的时候，女孩迅速发育的卵巢分泌大量的雌激素，雌激素通过全身的血液输送到乳房，从而直接影响乳房的发育。

女孩乳房的发育大约始于月经初潮前 1～2 年，大概相当于小学五六年级。这个时候乳头周围颜色较深的乳晕肿大，乳头周围出现一个胀疼的硬结，如果不小心碰了一下，乳头部位会更加疼痛。这种疼痛常常会引起女孩的不安，其实这个变化是乳房发育的必经之路，等到乳房发育成熟就不会再疼了。只要平时多注意一下，也不会有太多痛苦，比如洗澡、脱衣、穿衣的时候动作轻柔一些，读书、写字的时候与桌沿保持一拳宽的距离，不要前胸紧贴桌沿，以免压迫乳房。穿上合适的胸罩也有助于减轻乳房的不适感。

之后，许多女孩乳晕周围的肌肉开始发达起来。进入初中后，随着阴毛、腋毛的出现以及月经的来临，乳房逐渐形成半球状。然后逐渐发育成熟：乳腺发达，以便日后做母亲时分泌乳汁；乳头顶端出现一个小孔，用于以后排出乳汁。从乳房发育到发育接近成熟大约需要三四年的时间。

但是，并不是每一个女孩都是按照同一个步调发育成熟的，有的女孩刚进入初中，胸部就已经开始丰满了，而有的女孩初中毕业了，还是胸部平平。有的女孩因为胸部发育较早，走路故意含胸，企图掩盖胸前的起伏，结果久而久之使脊柱变形，长大后成了罗锅。有的女孩为自己胸部平平而烦恼，甚至担心将来自己做母亲时不丰满的乳房能否为小宝宝提供足够的乳汁。还有的女孩觉得自己的乳房左右大小不一。其实这些都是正常现象，一方面是发育早晚的问题，过一段时间大家就会发育得差不多；另一方面也跟遗传有关系，女儿的乳房总是跟妈妈的乳房相似的。而乳房的形状和大小与将来的哺乳和生育功能是毫无关系的。另外，偏食的女孩和过分节食的女孩很难有丰满的乳房，因为营养不足，脂肪过少，乳房发育没有可利用的养料。所以，如果不改变不好的饮食习惯，也很难改变乳房的现状。

乳房的形状虽然会大体一致，但还是带有个人特点，存在一些细微的差异。一般来说左侧乳房要比右侧乳房稍大一些，对于处在青春期的女孩，有可能一侧乳房对雌激素的敏感性要强于另一侧，这一侧的发育就会快一些，造成大小不等。只要耐心等待，青春期过了以后就会大体一致了。而乳头是凹陷还是突出，乳晕周围是否长毛，并不带有正常与否的意义。只要你不过分关注自己的胸部，别人不会像你那样在乎乳房的大小和形状。但是，如果真的感到自己乳房发育不正常的话，为了保险起见，最好还是让妈妈带你去看医生。如果有病的话可以及早治疗，容易治愈，没病也可以在妈妈的帮助下努力做到心理上的适应，不要让这些烦恼给你的少女时代投下阴影。

青春期小测试

判断对错

1. 一个女孩的乳房发育早，也会较早达到乳房成熟的形状，同时也会比那些发育晚一些的女孩的乳房要大。

2. 你两边的乳房会大约在同时间开始发育，而且大小也会差不多。

3. 如果你发现自己的乳晕周围长了毛应该把它们拔掉。

4. 你的乳房在发育时，可能会感觉很灵敏，一碰就疼。

5. 你可以通过运动使乳房变大。

6. 当你的乳头被抚摸或触碰时，或变冷时，或当你有性方面的念头时，会变硬而且突起。

7. 通常一个女孩要花大约 4 年的时间才会让乳房完全发育成熟。

答案：

1. 非：女孩乳房发育的早晚与乳房发育的快慢和大小没有关系。

2. 非：虽然成熟女性的乳房大小基本一致，但当一个女孩的乳房刚开始发育时，可能会有一侧先开始或看上去比另一侧大。

3. 非：乳晕周围长毛对乳房发育没有任何不良影响，拔掉的话会很疼，容易引起感染，而且拔掉的毛会很快长出来。

4. 是：许多女孩都要经历这样一个时期。

5. 非：你的乳房是由脂肪和乳腺构成的，没有任何运动可以使它变大。但是你可以通过运动使胸壁的肌肉变厚，这样会把乳房往上推，使乳房显得大一些，但不能使乳房本身变大。

6. 是：乳头是很敏感的，触摸、寒冷和性的刺激会使你的乳头突起。

7. 是：平均而言是这样，但不是每个人的发育时间都和平均时间相吻合，有的女孩也许一两年就发育完全了，有的却要花上七八年才能发育成熟。

7.“长腿姐姐”与“短腿妹妹”

高个女孩有时候会被人开玩笑问：“上面的天气如何呀？”个子小的女孩则会被叫做“小不点”，虽然小的东西可爱，但久了，心里还是有点不是滋味。

一下子蹿得很高的女孩并不像人们想象的那么心安理得，以前和同学平起平坐的个头，忽然与大家拉开了距离。站在课间操的队伍里总是“高人一等”，心中除了一点点的自豪外，更多的是不安，好像全世界的人都在盯着自己的一举一动，担心在众目睽睽之下自己的形象和表现会露怯。课堂上自己没有回答出老师提出的问题，难免怀疑自己和“傻大个儿”有什么联系。

可见，突然长高的女孩需要一个适应过程。

如果你是一个性格开朗、合群又喜欢运动的女孩，那么个子高带来的不愉快感受很快就会随着自己的成长烟消云散；如果你比较腼腆，又不喜欢惹人注目，高个就可能成为一个麻烦问题。这个时候可以找好朋友倾诉一下，让他（她）帮你分担一些不安。等你渐渐长大，就会从容不迫地接受自己身高的这种变化了。而且，突然长高的女孩因为身体发育没有均衡稳定，体力较差，容易生病，有时候在体力和运动能力上还会输给个矮的同学。这个时候不要逞强，也不用模仿别人，更不要因为输给别人就对自己的体力丧失信心。

同样，个头太矮也是很多女孩的烦恼。很多女孩问："我为什么这么矮?"其实人的身高在很大程度上依赖遗传，也就是说父母个子高的，子女一般也会高，父母矮的，其子女也不会太高。但是，后天环境也还是很重要，世界各国的生理学家做过有关身高的研究，发现第二次世界大战以来，各参战国新一代的身高比他们的父辈们都要高很多。这似乎成了一个趋势。良好的营养、充足的睡眠、愉快的心情和适量的运动，都会使女孩的身高超过母亲。

人之所以能长高，主要是因为年轻时四肢长骨的两端有没有骨化的骨骺。随着年龄的增长，骨骺逐渐骨化，人就不再长高了。这就是成年人身高不再增加的原因。青春期是一个长高的重要时期，想长高的女孩一定要抓住这一长个的黄金时期，为自己创造一个有利于长高的良好环境，特别是在月经前后，个子会猛蹿一下。我们前面说过，生长素可以促进人长高，而生长素的分泌在晚上睡觉的时候分泌比较多，所以睡眠良好对于长高有重大意义。而适量运动可以刺激四肢尚未骨化的骨骺生长，也可以长高。如果女孩早熟，身高停止增长往往比同龄女孩提前，如果多运动的话，可以使四肢长骨得到较快的生长，这样就能弥补早熟带来的不足。国外有研究表明忧虑会影响长高。

当然青春期的身高并不是成人后最终的身高。在此之前做些努力都会有效，如果希望自己长高些的话，一定要在这四个方面下工夫：良好的营养、愉快的心情、充足的睡眠和适量的运动。

小广播

青春期“个头”长高须知道

1. 营养平衡最重要

只有选择多样化的食物，并合理均衡地搭配，才能促进生长发育。建议一日食物内容和数量：谷类300～400克、蔬菜500克以上（其中绿叶菜不少于200克）、水果1～2个、牛奶250～500毫升、鸡蛋1个、肉类100～150克、鱼类50克、豆类50克、烹调油25克。

2. 一日三餐不能少

特别要注意吃好早餐，可选择一些营养丰富的鸡蛋、牛奶、大豆类食物，以及富含糖类的粮食。其他两餐中的粮食、肉类、蔬菜、豆类等也要按平衡膳食原则来搭配。两次正餐之间可以少量加餐，但不要过多地吃零食。

3. 远离“垃圾食品”

油炸食品、膨化食品、腌制食品、罐头类制品对于正处于生长旺盛期的孩子来说，都是“垃圾食品”。它们虽然提供了大量能量，但维生素、矿物质、膳食纤维等营养成分却很少，长期食用这类食品，可导致青少年营养不良。

4. 含糖饮料宜少喝

饮料不宜多喝，特别是含糖饮料和碳酸饮料。这些饮料能量高，而营养素相对缺乏，过多饮用会影响体内脂肪的消耗，造成脂肪堆积，引发肥胖。可乐等碳酸型饮料中磷含量高，过量饮用可导致体内钙、磷比例失调，影响钙吸收，妨碍骨骼生长发育。

5. 每天睡足9小时

生长激素是让人长高的激素，这种激素在睡眠状态下分泌量增加。此外，睡眠时肌肉放松，有利于关节和骨骼伸展，也有益于长个儿。所以青春期的孩子生活要有规律，按时作息，早睡早起，每天保证9小时睡眠，在充足的睡梦中一天天长高。

6. 户外活动1小时

春天的气候宜人，紫外线照射强度适中，最好每天拿出1小时进行户外活动。紫外线能帮助人体皮下组织中的维生素D转变成有活性的维生素D3，促进胃肠道对钙、磷的吸收，为骨骼的生长发育获取充足的钙、磷。运动能促进新陈代谢，加速血液循环，一定强度的跑、跳等运动，还能有利于钙沉积在骨骼中，加速骨骼的生长。

来源：《健康时报》（王璐）

三

释疑青春疑惑

1. 青春敏感时期

一位高中女学生写信自述说："我今年 16 岁，初涉人生，对一些事情还看不透、想不透。我想问，为什么现在的男孩对女孩表现出不同以前的态度。我的一个表哥就是这样，我们小时候无拘无束地在一起玩，还有一个比我大一岁的堂姐，大家说说笑笑可高兴了。可是现在长大了，反而不同了。大家都说我身材好，人漂亮，又善良……于是表哥看我像明星一样，天天买东西送给我。我问他为什么不给姐姐，他说：'她不配！'我真不明白，为什么堂姐就不配享受这些东西呢？我感到困惑。还有，为什么会有人对我们女孩这么感兴趣？那是一个月前的一天晚上，天上没有月亮，只有寥寥可数的几颗星星（这不是有意描写的阴森景象，而是真的）。我和班上的一个女同学上厕所，这时，我看到墙上好像有个东西一动，我一阵紧张，想到了魔鬼，心里着实害怕，但忍不住又看了一眼，黑咕隆咚之中那分明是一张男同学的脸，吓得我大叫一声。然后，我的心整日都在咚咚跳，久久不能安静下来。不知为什么，现在我见到男同学就害怕，似乎他们的眼睛无时不在偷看我，躲又躲不掉。为此，我的学习热情完全被打消了，甚至想休学、退学，可是又有矛盾，因为我每天情不自禁地还是想着学校，想着那些每天看着我的男同学，在害怕之余，有着一种说不出的滋味。”

从表面上看，这个女孩好像患了“社交恐惧症”，怕见异性，但究其根源还是由于缺乏从童年到青春期这一阶段的早期性教育。有些家长以自己的早年体验对孩子尤其是女孩进行封闭式的教育，对其他科学知识广开门路，但对有关人的知识却予以封闭，结果在身体和智力方面可能高人一头，而性心理水平则往往落后很多。其实了解自己的身体是很重要的事情，在南太平洋的萨摩亚群岛上居住的人，有个传统的社会风俗，就是孩子在 10 岁左右就由父母教以有关性知识，如男孩遗精，女孩月经，以至结婚、生育等等。因此，在长大以后，他们并不把男女之间的事看得神秘莫测，一切都很自然。在调查他们年轻人的精神卫生状况时，很少发现少男少女有性问题的烦恼。换句话说，他们通过早期性教育，获得了“后天免疫性”。

现代杰出的精神分析学家弗洛伊德说过，越是被禁锢的东西，越是人们向往的东西。一旦这种禁锢与生物学规律发生冲突时，由于缺乏正确诱导和自我调节能力，就往往陷入焦虑当中，结果就形成一种生物欲求和社会规范之间的对抗状态，于是就发生各种心理问题。

按照生物学发展规律，人到青春期以后，随着内分泌激素的增多，开始出现性欲和对性问题的关心是十分自然的。而由于先天或后天内分泌的紊乱等原因，会导致性器官发育异常，或由于社会、家庭的教养不当，也可能导致性心理发展失调。我们一开始提到的那个女孩，正处于性萌动时期，开始注意到男性在关注她，心理上产生异样的感受，这种感受意味着什么？其实这些问题没有必要压抑在心里，我们会在这一章的内容里具体谈一下。

2. 处女膜

处女膜其实不只是一层膜，而是一个小薄片，大约1～2毫米厚，覆盖在女性阴道外口。处女膜的正反两面都是湿润的黏膜，两层黏膜之间含有结缔组织、微血管和神经末梢，中间的小孔叫处女膜孔。处女膜孔的大小和膜的厚薄程度因人而异。处女膜孔的直径大约为1～1.5厘米，通常有三种形状：圆形、椭圆形和锯齿形，也有一些其他形状的，如有的是半月形，膜孔偏于一侧；有的为隔形孔，有两个小孔上下或左右并列着；还有的有很多分散的小孔，就像筛子上的小孔。

处女膜孔是女性生理所必需的，女性成熟后，每月一次的经血就是通过这个小孔排出体外。如果膜上没有小孔，那么经血就在体内排不出来，医学上叫做处女膜闭锁。如果没有及时发现，经血在阴道内积聚，长年累月以后就会向上扩展到子宫腔和输卵管，通过输卵管的开口，流到腹腔里，使输卵管破损，引起肠管粘连、腹腔感染等严重后果。女孩过了15岁如果还没有月经初潮，而每个月又会定时出现肚子疼，就应该去医院检查一下是否是处女膜孔的问题。

处女膜还可以防止外界不干净的东西进入阴道，起到保护阴道的作用。青春期前由于卵巢分泌的雌激素很少，这时的阴道黏膜比较薄，酸度也比较低，所以抵抗力差，而处女膜就可以阻拦细菌入侵阴道；青春期后，随着卵巢的发育，体内雌激素增多，阴道抵抗力增强了，处女膜也就逐渐失去了作用。

但是，通常人们总是把处女膜和处女联系在一起，处女膜的完整几乎成了处女的标志，处女膜破裂就意味着不是处女了。事实上却不是这样的，我们前面说过了，并不是每个女性的处女膜都是一样的，所以会出现有的女性处女膜虽然完整，实际上却已经不是处女了；有的女性确实是处女，处女膜却又破了。这是因为有些女性的处女膜孔大，弹性好，膜内的血管又比较少，即使有性生活也不会破，有些女性直到生完孩子处女膜才破；相反，有的女性会因为一些意外使处女膜破裂，如有的女性在小的时候由于无知把小玩具插入阴道，有的遇到外伤或尖锐物碰巧抵在外阴部，有的是因清洗不当或阴道塞药造成损伤，也有的是处女膜本来就很脆弱，从事剧烈运动，如骑马、体操等可使之破裂。所以，仅凭处女膜是否破裂来鉴定是否是处女是不科学的，即使是有经验的医生借助显微镜观察来做出结论也是有一定风险的。

讲给少女听的**故事**

13岁的初中女生莉莉不久前患了妇科病，万般无奈的情况下按照报纸上一则专门治疗“各种妇科疾病”的广告找到了一家诊所，诊断的结果是她患了“阴道炎”，需要接受阴道内激光照射治疗。

一个疗程之后，莉莉发现病并没有见好，于是又换了一家诊所。当她躺在冰冷的检查床上后，一位老大夫叹息道：“现在的女孩子啊，怎么才 13 岁就发生了性关系染上病了呢?”莉莉一听，无地自容，怯怯地反驳道：“医生，我没有发生性关系。”“没有？你的处女膜都是陈旧性裂痕了……”“处女膜破裂”像一个幽灵在她脑际萦绕。她晕头晕脑地回了家，将自己关在房间里，一整天没有出来。后来，她吞下了半瓶药物，好在那个没有标签的药瓶里装的是一些普通的消炎药。

莉莉的母亲找到了我。“我可以保证我的孩子绝对本分。”她焦急地说，“求您再给我们检查一下。”

检查完毕后，我很严肃地回到咨询室。此时，莉莉将头耷拉得更低了。我故意叹了口气，说：“这实在是个悲剧！莉莉如果因此出了意外，实在不值得啊。”一直耷拉着头的莉莉猛然间抬起头来，满脸惊讶。

“你到底哪里不舒服?”我问莉莉，“要不，怎么会去看妇科病呢?”

“没有不舒服过。只是……”莉莉欲言又止，“我的月经已经半年多没有来了。”

原来，莉莉在半年以前迎来了自己的月经初潮，根据掌握的知识，她自己顺利地处理了。但是，这位新来的“朋友”却没有在一个月后再次光顾。13 岁的莉莉焦急地等了两个月，查到书上说可能是有了妇科疾病，于是莉莉开始看病了。

“现在月经来了吗?”我问。莉莉摇摇头。

“很可能在一年之内也不会来了。”我说，“这很常见，并不能说明你有病啊。”

“月经，不就是每月一次吗?”莉莉对“月”字加强了语气。

“可你还是个小女孩，还没有成熟啊。”我说，“初潮之时，卵巢发育不成熟，功能还不稳定，未必每月准时排卵。所以，初潮过后，月经并不规律，也许一年半载不来。”莉莉这才意识到自己的无知。

在出门时，莉莉母亲生气地说，她要告那位不负责任的医生，差点害死她的女儿。我一惊，把她单独留在了房间内，我告诉她，那位大夫尽管说话不负责任，但没有说错，莉莉的处女膜的确已经破裂了。

“既然相信女儿的清白，就没有必要追究破裂的原因了。”我强调说，“对孩子保守这个秘密才是最重要的。”她显然理解了我对她们母女善意的欺骗并接受了我的建议。

莉莉在8个月后来了月经，那次经历的阴影已经抹去。我怀疑莉莉的处女膜破裂是那次阴道内激光治疗造成的，至少，那位大夫不应该在未经当事人或其家属同意的情况下为少女做阴道内妇科检查或治疗。

来源：39健康网（佚名）

3. 白带是怎么回事？

女孩自进入青春期后，会发现一向干燥的内裤经常出现湿迹，这是由阴道排出的黏性液体所致，看似和鸡蛋清一样，由于拖长如带，所以叫白带。通常没有发育的女孩没有白带，因为它的出现要在卵巢开始发育并开始排卵之后。由于雌激素的作用，阴道上皮细胞不断增生脱落，阴道黏膜有少量的渗出液，同时子宫颈腺体、子宫内膜也能分泌出一种透明的蛋清样黏液，混合在一起并排出就形成了白带。

白带能使阴道和外阴部保持一定的湿润度，像机器中的润滑油一样。白带中的阴道杆菌能产生乳酸，保持阴道内环境的酸性，使细菌不易生长，从而避免某些妇科疾病。因此，白带具有使阴道自洁的功能，也被称为“生殖道卫士”。

白带时多时少，与体内的雌激素含量有关。如果体内的雌激素水平很高，阴道渗出液和宫颈黏液就增多，形成的白带也多。在两次月经间，特别是卵泡发育成熟即将排卵的时期，卵巢能分泌大量雌激素，刺激子宫颈产生较多黏液，此时白带量多透明；月经前后三四天，因盆腔充血，阴道渗出液增多，白带也稍多，由于含较多的脱落细胞，白带比较浑浊稠厚。月经完毕后的几天内，一般白带的量就少些。有的女孩在白带增多时会有白带带血，如发生在两次月经中间，可能因为排卵引起，称为“排卵期出血”，如果在月经前发生，则是月经预兆。只要没有其他症状与不适，属于正常现象。有的女孩内裤上常有黄色污迹，并有臭味，这可能是青春期代谢旺盛，大阴唇皮肤下的汗腺分泌汗液所致，也是正常现象。

有时也会出现白带异常现象，量多而且阴部特别痒往往是滴虫性阴道炎、霉菌性阴道炎的信号。滴虫性阴道炎是滴虫侵入阴道引起的病。阴道滴虫在显微镜下才能看见，这是一种适应能力很强的病菌，主要是通过公用浴池、毛巾、游泳衣及污染的游泳池等方式传播的。这种病的主要症状是阴道口痒，白带多，黄白色或黄绿色脓性，常常带泡状，有腥臭。预防关键是杜绝传染途径：提倡淋浴，毛巾、游泳衣等不混用，患病者自觉不去游泳池。霉菌性阴道炎是由于白色链球菌感染阴道而发生的阴道炎症，主要症状是阴道瘙痒，白带多而呈白色豆渣状。预防主要是注意与患者的卫生用具分开。

如果发现自己白带多，如内裤上总是湿的，一天不换内裤都很难受或者白带很臭，外阴奇痒，甚至白带经常带血，那就可能是阴道炎症，极少数还可能是某些生殖道肿瘤，应该及时看病治疗，千万不要觉得羞于启齿而不管不治。另外，养成良好的卫生习惯也有助于预防这些疾病，如每晚用清水清洗外阴；清洗外阴的用具和水要做到个人专用；内裤要选用吸水透气性好的纯棉布制品，勤洗勤换；养成大便后用纸从前往后擦的习惯，防止将肛门口的细菌带入阴道；注意经期卫生。

4. 怎样应对性骚扰？

“性骚扰”这个词最开始是在美国等西方国家流行，后来流传到我国，但在法律上还没有公认权威的定义。常见的性骚扰根据对象的不同，表现形式也有不同。公共汽车、地铁车厢等人多的地方都是性骚扰进行的有利场所，因为人多比较拥挤，大家的注意力都比较分散，有人借车开动时不稳或抓横杆的手来回交替之际，对年轻女孩进行抚摸或更大动作的骚扰。还有来自熟人的骚扰，这种情况也比较多见，如来自一个学校或是邻居熟人的苦苦纠缠。他们最开始表现出对你的关心，经常找你聊天，让你在感情上先接受他们，然后逐步深入，如趁你放松警惕的时候大谈一些让你尴尬的话题，如黄色笑话、色情内容等，有的也会故意触碰你身体的敏感部位，甚至更过分的举动。还有一种来自“上层”的骚扰，涉及老师或长辈。这种人是极少数，但因为他们手中握有不同的权力，居高临下，比起其他的性骚扰者来有更多的方便，因此摆脱起来更麻烦。

面对形形色色的性骚扰，常常给年轻女孩带来不同程度的困扰。但是只要你有理、有节，不卑不亢、刚柔并济，还是可以排除的。

首先要具备自卫意识。因为目前性骚扰在我国还不构成违法犯罪，所以年轻的女孩一定要有自卫意识，让坏人没有可乘之机。如在公共汽车内被人故意抚摸，有些女孩经常是退缩或不好意思说，结果反而让坏人得寸进尺，你只要大声说：“把你的手拿开!”引起车里其他人的注意，他知道众怒难犯也会知难而退了。如果碰到男老师利用职权表示对你的“关心”和“照顾”，甚至以胁迫的手段，进行性骚扰，就应该明确表示你不喜欢这种言行。如果事情没有好转，或对方威胁，就应该向其他老师、家长甚至校长寻求帮助，不要不好意思。

其次要采取“冷处理”的态度。对于某些异性的过分热情和关心，要持不感兴趣的态度，这样在心理上是给了对方一种暗示——是他自讨没趣，他会加以收敛；反之，暧昧不清的态度会使对方觉得有机可乘，更加纠缠不休，后果可能不可收拾。比如说如果异性向你展示色情刊物，你可以直截了当地说：“你这样很无聊，如果还不收回我就要报告给老师了!”而如果是遭遇到电话骚扰，最好不要用激烈的言辞反唇相讥，因为这可能会引起对方的兴奋。应该用严正的语气说：“你打错电话了!”若对方是个经常骚扰的陌生人，不妨拿个哨子对着话筒猛吹或弄出很大的声响，让他受不了，他就不会再来电话骚扰。只要表现出自己的自信和稳重，做到正派、大方，多数情况下，只要你无心他就不敢有意了。而对那些一意孤行、纠缠不休的人则不能客气，应该向有关领导反应，以维护自己的正当权益。

5. 性幻想

一位家长看到女儿的一篇日记，这个初三的女孩在日记里把她与一位异性的性爱过程描写得非常浪漫。家长看完以后又急又气，连忙到学校里去了解情况，把老师也弄得很紧张。结果却只是虚惊一场，这个女孩并没有跟异性发生任何关系，日记里写的只是她自己的想象而已。

这就是青春期可能出现的现象——性幻想，指人在清醒状态下对不能实现的与性有关事件的想象，是自编的带有性色彩的“连续故事”。通常女孩都是把自己在影视书刊中看到的性爱场面重新组合，让自己充当其中的主角，由此而体会到约会、接吻、拥抱等乐趣，来满足自己的性渴求。在这些故事中，时间、地点、人物都不受限制，主人公既可以是古代帅哥，也可以是自己喜欢的歌星、影星、球星等，故事情节也可以根据自己的需要随心所欲地编造。如果觉得不够精彩或不满意的话还可以重来。真正进入角色后，情绪也会发生变化，可能激动万分，也可能悲伤落泪，就像真的经历了故事中的情节一样。

过去，人们一直把性幻想看做是道德品质不健康的表现。其实，这只是人类的一种性心理活动而已。由于青春期的孩子性器官开始迅速发育成熟，对异性感到神秘、爱慕甚至渴望，再加上周围环境中有关性的刺激越来越多，而此时的少男少女又不能像成年人那样与异性接触，所以出现性幻想是很正常的，不用觉得自己变坏了而自责。

几乎所有的人，无论是男人还是女人，都有程度不等、内容不同的性幻想。美国的海密尔顿医生研究发现，男孩有27%，女孩有25%都肯定地说，在他们对于性的题目没有丝毫认识以前，他们都做过性恋白日梦。而对于那些先天具有艺术家气质的人，耗在白日梦上的时间往往更多。但是这些人中的绝大多数，都能正常地成长，正常地生活，也能正常地与人交往，包括与异性交往。因此，多数学者认为，性幻想是人类性心理发展所不可避免的过程。

虽然性幻想对心理的发展不会有什么妨碍，但是，什么事情都应有一个度，如果一个人整天沉溺于性幻想之中，甚至到了成人的年龄还不能摆脱，这就会变成一种不健康的状态，因为对于他们来说，梦境已经逐渐代替了现实，他们对于实际的生活会渐渐失去适应能力。为了避免这种情况出现，可以让一些别的健康充实的精神生活来占据自己的想象空间，多看一些内容清新的书刊，把生活安排得更有规律一些。那么，就会慢慢摆脱性幻想的苦恼了。

6. 什么是性病？

谈到性病，我们总觉得那是成年人的事，事实却并非如此。近年来，性病的传播出现上升趋势，年增长率竟高达 300%，其中相当多的是对性病一无所知的少男少女。性病不仅会引起性器官的局部病变，而且还可能进一步侵入身体内部造成多种病变，严重的会导致不育、失明等残疾甚至死亡。而且性病也不仅仅通过性接触传播，虽然它的定义通常是这样，但它也可以通过其他途径来传播，如输血、哺乳、母婴传播、接触被污染的衣物、器皿等。也就是说，性病离我们并不遥远。下面就简单介绍一下。

性病有 20 多种，常见的有淋病、梅毒、艾滋病等，艾滋病后面我们会专门谈到，所以这里先只介绍前面这两种。性病中发病率最高的是淋病，近20年来，世界各国的男女淋病患者成倍增加，尤其是十几岁的少女患者，占到了女性淋病患者的1/3以上。淋病是由淋病双球菌引起的急性或慢性泌尿生殖道感染。女性淋病患者的临床表现要比男性轻，大约有70%的女性感染淋病后没有症状，另外30%会出现尿道炎症如尿急、尿痛、尿频等，但主要表现还是生殖道症状，如阴部不适，有脓液流出等。由于细菌会从阴道向上进一步感染，造成淋病性子宫颈炎、子宫内膜炎等，出现脓性白带和下腹坠痛等症状。如果急性期没有得到控制，会转成慢性淋病，细菌继续向深部发展，引起输卵管炎、卵巢炎甚至盆腔炎，很难治好，不仅身体痛苦，而且还会导致不孕，甚至可能全身感染、危及生命。2～8岁的小女孩如果和患病的家属在一张床上睡觉或在一起洗盆浴也很容易被感染，症状也会比成人严重。由于淋病的传播很快，除了性接触以外，青春期的女孩最容易被间接传染，因此要养成良好的卫生习惯，如旅行在外的时候不用公共的毛巾和浴巾，不使用没有消毒的面盆；平时洗澡在家淋浴，不到公共浴池去盆浴等。

梅毒是由梅毒螺旋体引起的一种全身性的慢性传播性疾病。这种病在地球上已经流行了几百年，在我国大约流行了400年，发病率在性病中仅次于淋病，位居第二。梅毒螺旋体会通过黏膜和皮肤的微小损伤侵入，2～4个星期以后，被感染的部位就发生病变，出现红肿或硬结，轻度溃烂但还没有脓性分泌物。这是第一阶段，这个时期传染性最强，如果不治疗的话，这些症状会在两三个月后自动消失，但这只是假象，实际上病毒已经通过血液散播到全身了。在这之后的1～2个月，梅毒会进入第二阶段，全身各处都有可能出现斑疹，虽然不痛也不痒，有时会糜烂，此时传染性也比较大。如果梅毒感染了其他部位，如骨骼、头皮等，会出现很多症状，如关节疼、头发脱落等。第三阶段一般是感染后三年到十年左右，这个时候虽然传染性比较小了，但是破坏性却很大，骨骼、内脏、大脑、神经以及面容都可以被损害，如果治疗不好会有致命的危险。预防梅毒的关键还是洁身自爱，杜绝不正当的性接触，以及养成良好的个人卫生习惯。

7. 你是性早熟吗？

进入青春期的时间因人而异，比别人早个一年半载的并不奇怪。但是，如果你在 8 岁以前性器官、体格和第二性征就开始发育，那这就是性早熟了。一般女孩性早熟的发生率比男孩高得多，比例大约为 8∶1。原因可能是女孩身体里调节青春期发育的神经—内分泌系统对各种环境因素变化的敏感度要高于男孩。性早熟一般分为两类：真性性早熟和假性性早熟。

真性性早熟是因为"下丘脑-垂体-性腺轴"功能提前成熟，并具有生育功能。大约 80%的女孩性早熟属于体质性性早熟，就是说她们的下丘脑—垂体—性腺系统过分敏感。如果去检查的话查不出任何疾病，但是血液中的一些激素（如各种促性腺激素和性激素）测定值则已经达到性发育高峰阶段水平，比一般同龄人要高得多。她们的性成熟过程与正常发育过程相似，只是提前发生和过程进展快而已。在开始时她们的身材可能比同龄女孩高，但因为骨骼提前闭合了，成年后反而身材不会太高，通常这类女孩成年后的身高不会超过 165 厘米，男孩则很少超过 170 厘米。从第二次世界大战以来，几乎整个世界都出现了生长加速的趋势。一方面跟我们营养状况的改善有关，有些父母过分爱护孩子，给孩子过早服用人参、蜂王浆等含激素类补品，虽然每次的摄入量都很少，但久而久之累积起来对诱发性早熟的危险仍然不能低估；另一方面城市化也有较大影响，有研究显示城市里的强烈声光刺激会影响大脑松果体的功能，从而进一步提高了下丘脑-垂体-性腺的敏感性。

还有一部分女孩是因为肾上腺先天性的缺陷，分泌雄激素过多，结果就出现女孩男性化。经积极治疗后，病情可以控制，但是反过来又可能出现同性性早熟，需要细心治疗。

假性性早熟是指不是建立在“下丘脑-垂体-性腺轴”提前成熟的基础上，而是因为某些疾病使体内产生了大量性激素或接受了大量外来的性激素，出现了第二性征和性器官的发育，没有生育功能，这是与真性性早熟的本质区别。外在表现可能与真性性早熟一样，也有可能只表现为某些部位的提前发育，如只是乳房增大，或只是阴毛出现等。这背后的原因可能是性腺肿瘤，也可能是内分泌疾病，也有可能是摄入外部激素太多。假性性早熟只要是轻度的，一般对整个发育进程没有太重大的影响，但它的出现毕竟提示着你的身体正在受着某种内外因素的干扰，所以迅速查明原因很重要。

性早熟的女孩外表看上去比同龄人成熟很多，有时候会遇到一些异样的目光，这个时候不用给自己太大的心理压力，坦然面对是最好的办法，因为用不了两三年，周围的同龄人也会发育得跟你一样了。

8. 你是性晚熟吗？

有些进入中学的女孩会发现身边同龄朋友的身体在一天天发生变化，可是自己却没有动静，或者不是很明显，心里就会嘀咕：是不是自己发育不正常啊？

其实，进入青春期的时间因人而异，比别人晚个一年半载的都不是什么奇怪的事。真正的性晚熟是指到了发育的年龄，第二性征还不明显，生殖系统仍停留在青春期前状态，对女孩来说就是到了14岁乳房还不发育，就可能是性晚熟了。这还分两种情况：体质性延迟和病理性延迟。

体质性延迟仅仅是发育过程向后推延2～3年，最终（女孩17～19岁，男孩19～21岁）仍能赶上其他人。体质性延迟大多数都有家族史。比如他们的父亲当年性发育也很晚，或者，母亲的月经初潮到十五六岁才来，等等。典型的表现是：①开始发现并就诊的年龄为12～16岁；②身高每年都增长4～5厘米，但没有出现明显的青春期突增；③个头虽矮，但身材是匀称的；④性器官外观正常，内分泌激素（如生长激素、甲状腺素和垂体的促性腺素等）测定无异常现象；⑤骨龄落后，而且这种落后与身高的落后大体平行；⑥第二性征未出现或者无明显进展。这些表现中，第⑤、⑥两项有很大的实际意义，而且检测方便。比如到医院的放射科拍一张手腕部位的X线片，请医生鉴定一下自己的骨龄。如果骨龄比实足年龄低不到1.5岁，属于正常的晚熟；如果骨龄比实足年龄低了2年，那就是明显的性发育延迟了。

病理性延迟，顾名思义，是由于某种病理性原因造成的延迟。通常有以下类型：①因内分泌异常引起，以生长激素或甲状腺素缺乏最多见。如果是生长素缺乏，将主要表现为身材矮小。如果是甲状腺素缺乏，除身材矮小外，性器官也不发达，智力低下；②因染色体畸变引起。女孩中比较常见的是卵巢发育不良综合征。她们的细胞里少了一条X染色体，所以卵巢不但不发育，甚至退化，引起雌激素严重不足。她们的成年身高不足140厘米，无生长突增，乳房不发育，阴毛稀疏，多数人没有月经初潮出现；③因慢性病，如哮喘、糖尿病、肾病等引起。因为病变涉及一些重要内脏，导致代谢酸性中毒。这样的身体内环境很不利于各种内分泌激素发挥正常作用，所以引起生长缓慢，性发育迟滞。要注意的是，对患有这些慢性疾病的少年来说，不仅要认真治愈原发疾病，还要采取各种积极健康手段以尽快恢复体内的酸碱平衡，否则正常的性发育仍无法继续；④因胎儿时期在子宫里的生长发育环境不良所引起。例如，吸烟的母亲所生的孩子中，出生体重不到2.5公斤的低体重儿很多见；母亲怀孕期间服药不当，常使胎儿的性腺发育受影响等。由于胎儿时期不良因素的影响，这些孩子出生以后生长发育一般都晚于其他正常儿童，青春期则往往出现生长发育停顿不前或发育不完善等现象。

现代医学的发展，已使上述四类病理性性发育延迟的少年中的相当一部分能获得有效治疗，甚至完全恢复正常的性发育进程。不过，关键是要早发现，早确诊，早治疗。而且不管是哪种原因造成的性发育延迟，都不可滥用性激素，以免造成不良后果，最好还是先到医院进行一些科学检测，从而对症下药。

9. 性意识发展的三部曲

“我是一个高二的学生，今年 17 岁。以前我和班里的两个男生关系很好，三个人经常一起复习功课、聊天、玩。但是，近来发现我们的友谊不像原来那么牢固了，两个男生都各自希望和我单独在一起。他俩在我面前经常莫名其妙地发生口角，互相抬杠，关系渐渐疏远了。我多希望还能保持原来那种关系，而不要陷入不正常的感情纠葛之中。为此我很苦恼，不知道为什么会发生这种变化？我该怎么处理这种事情，我会不会陷入早恋？”

这是一个女中学生写的信，可能很多女孩都有这样的苦恼，在中学时代面临着友谊的变化。其实，这是性意识发展的结果。性意识就是指对自己性别的认识，虽然小孩大概在3岁的时候就知道自己是男是女了，但真正意识到两性之间的关系及对待两性的态度和规范则是在青春期以后。性意识的发展大体要经历以下三个阶段。

(1) 异性疏远期

女孩进入青春期以后，女性特征逐渐明显，她们以惊奇、新鲜的目光注视着自己身上的变化，似乎一切都在提醒自己：你已经不是一个小女孩了，你是大姑娘了。女孩开始意识到自己与过去不同了，与男孩交往的时候就没有以前那么自然，即使是同班同学也觉得别扭、难为情。很多女孩都开始注意自己的行动，不再跟男孩们疯玩。这个时候男生女生逐渐有了距离，女生只和女生一起玩，男女生界限分明。女孩们大概还记得小学高年级时，对于被老师指定在一起做一件事的男女生，大家总是起哄、嘲笑，常常让女生觉得尴尬。还会有个别女生热衷于给男生女生牵线，说谁和谁是一对。还有一些女孩虽然对于男女生交往并不反感，但是为了避免大家的嘲笑也就减少和男生的交往了。

一般来说，这种异性疏远期大概持续一年左右，也并不是所有的女孩都对男生疏远。本来这种疏远就是由于身体的飞速变化促使心理发生变化而造成的。有些女孩从小接受了比较多的信息，心理发展比较快，所以也可能没有这样一个阶段或者不明显。这都没有关系，成长的过程没有千篇一律的。

(2) 接近异性期

在上一个阶段，女孩们一方面跟男孩疏远，一方面又对跟男孩的接触变得敏感起来，也开始对异性感到神秘，并逐渐被吸引。男女生之间不仅不陌生、不疏远了，反而产生好感，愿意接近，相互都很关心。女孩开始注意自己的服装打扮，在异性面前腼腆、害羞。有个女孩说："我有时对某个男孩非常有好感，就去接近他；有时我又对另一个男孩有好感，就又去接近他。我不知道这是不是病态，我很苦恼……"其实她这种心态是正常的，想和异性交往是完全正常的。至于一会儿想接近这个，一会儿想接近那个，典型地反映了青春期中女孩心理的不成熟，对自己对别人的评价都在变，分析问题不像成年人那样稳定、周到，再加上这个时候的情绪常常不稳定，有这种想法是很正常的。

这个时候的女孩大多喜欢看言情小说，听流行歌曲，一方面是满足自己的心理需要，一方面也是通过阅读和歌唱来宣泄自己的感情。同时，大量描写爱情的影视作品也冲击着女孩的心，女孩们有时候会有一些与异性交往的想象，浪漫美丽，有时候会把自己的想象和真实的生活混淆起来，比如，见到某个和自己想象相符的男孩的时候就容易认为自己爱上他了。有时候很狂热、痴迷，但很快又冷却转移了。一个高中女生很坦率地说："我曾经喜欢过两个男孩，也为此付出了很多感情。但最终还是理智战胜了感情，我能肯定自己今后不会再轻易喜欢上一个男孩，尽管时时还会做些梦。"做梦没关系，只要不沉溺在其中就可以了。

（3）原始恋爱期

在男孩女孩的互相接近和彼此吸引中，或迟或早都会把对异性的注意力转移到某个人身上，并会伴随着好感的增加产生亲近的愿望。这就是由接近异性期发展到了两性的原始恋爱期。之所以说是原始恋爱，是因为这一时期的恋情与成人的恋爱在形式上是不一样的，理智的成分比较少，但生理基础是一样的。苏联有一位教育学家这样概括："少年人的两性之间的爱慕所具有的感情色彩，和成年人的爱情完全不一样，在丰富而又有意义的精神生活中，男女孩子之间的相互关系本质被理想的、纯洁的和高尚的动机以及相互接近所掩盖。他们相互爱慕的客观基础是性的本能，但是，如果直言不讳地把这一点告诉他们，那他们就会大吃一惊。"这的确是令人心跳的一个阶段，年轻的女孩一定要把握好，才能让自己的青春不虚度。

性意识的这三个阶段是由浅人深地发展的，女孩们经过这三个阶段的成长，就会变得成熟，有责任心，成为一个成熟而有魅力的成年女性。

10. 性心理异常的几种表现

那是一个星期天，表妹来我家串门，神秘地向我讲述了最近发生的一段危险经历。一天傍晚，她和女友出去散步，路上很静，行人稀少。忽然从柏树丛中钻出一个年轻男子，前边的裤子扣敞开着，一只手托着外露的生殖器对着她们笑。表妹吓得掉头就跑，同行的女友胆子还挺大，停住脚步，大喊一声："滚蛋！"那个男子仍然原地不动，女友故作镇静地退了两步，再也按捺不住内心的恐惧，拔腿飞跑。

这是露阴癖的表现，属于一种性心理异常。这类人几乎都是男性，大部分 30～40 岁，也有青少年。他们的特点是以在异性面前，特别是不相识的年轻女性面前裸露自己的生殖器来得到性的满足，有的同时还说脏话。他们通常选择在傍晚或夜间出来活动，躲在偏僻的场所或黑暗的角落里，等异性走近时，突然暴露生殖器，在引起对方惊骇后迅速离去，一般不对异性做出其他伤害行为。有些年幼的还在自己家的窗口暴露自己的生殖器。

以前上大学的时候，经常听说女生宿舍的内衣被人偷走，女生为此都叫苦不迭，学校保卫处调查了几次都没有结果。有一次学校进行宿舍调整，高年级的学生都搬进了新盖的宿舍楼，在搬东西的慌乱之中，大家发现有个同学的大箱子里装了很多女性内衣，原来这个人就是偷女生宿舍内衣的人。学校很快就知道了，开除了他的学籍。离校的时候他哭了，他说自己从小就是这样，控制不住自己。这就是恋物癖，主要表现为接触异性穿着或佩戴的物品时，就能产生性兴奋，这些物品多为直接接触异性肉体的内衣、内裤、发夹等。恋物癖不是由于爱上某个人产生的爱屋及乌的心理，而是对穿戴异性的物品感兴趣，有些恋物癖还会把偷来的异性内衣内裤穿在自己身上睡觉，由此得到一种舒适感，也是多为男性。现代心理学对恋物癖的背景调查发现，恋物癖与缺少母爱有关，同样在性心理发展过程中过分压抑自己也会导致这种行为。

而窥阴癖是指窥视异性裸体获得性快感的行为。上海某高校的一个学生，发现男厕的水道洞口通向一墙之隔的女厕，压抑不住内心的冲动，偷用镜子的反射进行窥视，结果因为镜子反光被人发现，最后被当场抓住。很多人把他当流氓看待，这有点不公正，其实他是一个性心理异常的患者，这可能跟他的家庭环境有密切关系，比如家庭内部不和谐等。

性变态和犯罪既有联系又有区别。从概念上看是两个不同的事物，但有些性变态者也会犯罪，但这些犯罪和那些流氓犯罪还是有区别的。有些性心理异常者自己也很苦恼，但是无法自控，最后酿成苦酒。不管怎么说，这一类人不能适应社会生活，从而导致焦虑、烦恼、忧郁，甚至出现自杀和他杀事件，所以多了解一些还是有必要的，一方面可以减少面对他们时的恐惧，一方面可以更好地保护自己。

11. 性梦是一种罪恶吗?

处于青春花季的少男少女爱做白日梦，也爱做夜晚的性梦，所谓性梦就是关于性爱的梦。男孩有自己喜欢的“白雪公主”，女孩心目中也有自己的“白马王子”。当现实不允许人们放纵自己的情感和行为时，许多难以付诸行为的情感，就会在梦里表现出来。

青春期与异性交往的性梦，有丰富的内容，一般的表现是：①有内心被他人窥视的感觉，好像自己心底的秘密被暴露。例如，梦见自己与喜欢的异性幽会，却有他人干扰。②有甜蜜与满足感，在梦里与喜欢自己的人在一起，尽情亲热和表达自己的情感，是许多少男少女常做的梦。③有遗憾和不满足感，梦里常有挫折，因为各种原因见不到自己心爱的人，或者出现的不是自己喜欢的人，多是现实中的遗憾的反映。④有罪恶感与自责感，梦里可能会因为自己有单相思的意念而自责，或因为自己某些行为被他人发现而自责。⑤有对未来的向往，也许是梦见自己已长大成人，成家立业，与自己喜爱的异性在一起。

在一项上千人的问卷调查中显示，在性幻想、性梦者中分别有32.45%、24.60%的人对此现象忧虑重重，认为自己思想不健康、低级下流，因而感到耻辱和自卑，总是沉浸在幻想的阴影里，导致心理压力较重而不同程度地影响学习和身心健康发育。有89.25%的人不认为这是性生理心理现象，而认为是思想认识问题或对此疑惑不解。性幻想、性梦是青春发育中性功能不断成熟而产生的自然现象，是青少年共有但隐秘的行为，能否正确对待将直接影响青少年的性心理发展。

许多青少年在心理咨询门诊中常会讲到他们所做的梦，希望得到一个合理的解释，以使自己得到心理平衡。其实，大多数青少年的梦幻，是青春期性心理的正常反应，不是病态，只要能够适度地控制自己，对正常的学习和生活都不会有什么消极影响，不必为此担忧，只看做是自己潜意识的合理活动与表现。但有少数青少年确实是因空想梦幻太多，整日生活在“白日梦”中，就无法正常学习和生活了。青春期的性梦是青春期性心理活动的正常表现，统计资料表明：性梦在青春期性心理活动中是发生率最高的，男孩在15岁、女孩在14岁时，其性梦的发生率已接近50%。尽管如此，若不能得到合理的疏导，也可能诱发心理疾病。所以，在青春发育期，少男少女们需要了解有关的生理、心理知识，懂得自己身心发展的特点。但不必为自己的经历而焦虑，既然它是正常的生理反应，则应该顺其自然，同时把精力专注于学习上，性梦也会随着时间的流逝而逐渐淡漠。如果出现心理异常或令自己困惑的梦境时，可以和知心朋友谈一谈，必要时应进行心理咨询，请专家指导。

12. 女性也有手淫吗?

手淫是指在性冲动时用手刺激生殖器官以达到自我发泄、自我满足而获得快感的行为。手淫从婴儿期就已出现，但与性不一定有关系。青春期前的儿童就会有意识地通过摩擦生殖器而感到舒服。进入青春期手淫的目的往往是为得到性满足。

手淫是青春期发育过程中常常发生的现象，男性和女性都有可能发生，但男性较多，女性较少。调查表明：几乎所有的男性一生中，都有过不同程度的手淫，而女性手淫占60%。从生理学角度来看手淫是一种自然的性生活方式，从心理学角度上看是一种自慰心理行为，称为自慰。

手淫对健康究竟有无害处？怎样对待手淫问题？是很多人关心的问题。

现代医学认为，进入青春期，人们就开始产生性欲，用什么样的方式既不违背社会规范，又能满足生理需求？答案似乎只能是手淫。的确，手淫既不害人，又不伤自己，是比较合适的自慰方式。按照正常生理周期，以手淫方式排解性欲是不会损害身体的。多数医学家认为，次数并不频繁的手淫行为是积累已久的生理需要和心理压力的一种宣泄，是一种自慰行为。但如果手淫过度，引起失眠、头晕、劳累、精神不振、记忆力下降等，仍以此方式为乐，经常寻求此种性刺激，肯定对身体有害，甚至可能导致心理障碍。

有节制的适当手淫在生理上不会产生什么损害，但仍有很多少男少女为此在心理上有沉重的负担：一方面，他们有理想、有道德观；另一方面，又常常在性冲动来临时难以控制自己的手淫。由于没有正确地认识手淫，在手淫快感消失之后，便感到恐惧、惊慌、手足无措、懊悔，产生内疚和自责。少数人因此而反复沉溺在内心矛盾痛苦之中，以致精神萎靡，神志恍惚，甚至悲观厌世，从此丧失人生的乐趣。

那么该如何对待手淫？我国著名的性医学专家吴阶平教授说："不以好奇去开始，不以发生而烦恼，已成为习惯要有克服的决心，克服以后不要再担心，这样便不会有什么不良后果。"吴阶平教授言简意赅，语重心长地点出了我们对手淫习惯应持的基本态度：一是不要怕，二是要逐步戒除。

对于女孩来说，由于自身的生理特点，少女手淫主要是抚弄外阴，用手指或异物接触自己的阴道、阴蒂，往往会有很多不利影响。首先，女性尿道长4厘米左右，不及男性的1/3，而且又接近阴道。手淫可引起尿道口充血及轻微损伤，病原体能够通过短而直的尿道，很快上行感染到膀胱，甚至到肾脏，造成炎症。轻的可出现尿频、尿痛，严重时会腰痛、发冷、发热。如果治疗不及时，还会发展成慢性炎症，并经常发作。其次，女性阴道也只有7～8厘米长。正常情况下，阴道口是闭合的，能起到一定的保护作用。手淫可将病菌直接送入阴道，也极易上行感染，引起子宫、输卵管的管腔变细，发炎后很容易闭塞。这样，以后就有可能造成不孕，输卵管的远端在正常情况下呈伞状，开口于腹腔。因此，病菌一旦进入输卵管，还容易继续向腹腔扩散，甚至引起腹膜炎和阑尾炎等症。其次，女性外生殖器经常会有一些乳白色黏稠的液体流出，也就是我们前面说过的白带。性冲动时白带增多，同时在阴道口的前庭大腺也会增加分泌的液体，这些物质为细菌繁殖提供了良好条件。由于手淫可以把细菌带进生殖器官内，加上上述这些物质的“助纣为虐”作用，这就更容易引起生殖器官发炎了。最后，正常情况下，女性阴道内是酸性环境，对细菌繁殖起到一定的抑制作用。但当月经来潮前后及月经期内，这种环境会有所改变，这又为病菌的生长创造了条件。如果在这个阶段手淫，更容易造成感染。此外，即便没有直接造成炎症，临床证实，在性兴奋的情况下生殖器官是处于充血状态的，而经常处于充血状态，就会造成月经过多，这也是诱发生殖器炎症的不利因素。至于有些人手淫时还向阴道内放置一些异物，这就不仅增加了感染机会，有时还能造成损伤，后果更不堪设想。

如何戒除手淫的习惯？首先，应破除“手淫对身体有害”的错误观念。手淫是人的正常性行为，只是不能太过频繁而已。要正确对待手淫这种生理需求，适时转移对性欲的注意力，即使出现手淫现象也千万别责怪自己、痛恨自己，更不要出现羞于见人的心态，因为并非你一个人有手淫，世界上千千万万女性手淫者都出自少女时期。严重手淫者，从采取减少“频度”开始改变习惯，逐步矫治，不可过急，要有耐心。其次，要尽量消除诱发手淫的环境和条件，比如积极参加文体活动，培养多方面的兴趣、爱好、良好的品德和高尚的情操。有些文艺书刊、言情小说难免涉及性的描写，为达到戒除手淫的目的，应尽量避免诱发冲动，所以这些书刊最好暂时不看。至于黄色书刊、黄色录像，是一种精神毒品，要坚决抵制。最后，合理安排生活制度，早睡早起，不睡懒觉，睡眠时不要俯卧，被褥不要过重过暖，不抽烟不饮酒，因为过强的神经兴奋作用常诱发性冲动。其四，是要注意培养自我调节、自我克制的意志力，培养意志要从自觉性、果断性、坚持性和自我控制能力等方面努力，要把主要精力用于学习、工作和健康的娱乐上，只要坚持下去，手淫习惯就会逐渐被克服。

四

让青春更美丽

1. 什么是真正的美？

有一个女孩吞下了大量的安眠药，后来被及时抢救了过来，但她留下的遗书却让人感叹："亲爱的爸爸妈妈，我走了。感谢你们 17 年来对我的爱，可我恨你们！为什么你们给了我生命却让我这么尴尬地活着？为什么你们给了我这么丑陋的外貌？我再也不要像个怪物一样活在世上，再也不想看到别人同情、冷漠的眼神，再也不想在别人面前永远都抬不起头……"

原来这个女孩是因为觉得自己长得太丑，在学校里很少和别人交往，又比较敏感，老觉得别人都因为自己长得不好看而不喜欢她，最后就萌发了轻生的念头。

所谓爱美之心人皆有之，青春期的女孩当然也不例外，相反由于性的成熟和心理上的一系列变化，对于自己的外貌更加在意。很多女孩对自己的外貌都不满意，认为自己不够美，眼睛太小，鼻子太大，眉毛太稀，皮肤太黑等，一照镜子就唉声叹气，觉得上天对自己不公平。

其实这些女孩都还没有发现自己独特的魅力。什么是美？自古以来就没有一个标准答案。唐朝的时候以胖为美，而自宋朝以后又转为以瘦为美，至于现在，对于美的看法也是仁者见仁，智者见智。美，像一个可爱而顽皮的精灵，变幻莫测，从没有固定的形式。人们踏遍了世界，走遍了历史，问道："美啊，你在哪里？"她答道："我在你心里。"人们都在不断地追求美，这纷乱杂沓的脚印，就构成了一部美学史。

著名影星索菲亚·罗兰说："记者曾评论我的嘴太大、鼻子太长，下颚太宽，嘴唇又太厚，但这些部位组合在一起却给人一种美好的印象。我说这些并不是赞美自己，而只是想表明，美并不是以一种理想的形式存在的。""魅力需要一种诚实的自我表现，因为它是发自内心的，是诚实的，从而能使人们看到真实表露的一面。只有自己才最清楚自己的独到与魅力之处，这可能是你的笑容、你的友好的表示，也可能是你的安详与宁静，你与人交往中的热情和同情心，开始时也可能是一种技巧，逐渐地就成了习惯，直到最后成为一种魅力。"

托尔斯泰也说过："不是因为美丽而可爱，而是因为可爱而美丽。"也许有些女孩认为这只是为了安慰那些长得不好看的人的自欺欺人的话，那么请你想一想，你喜欢自己的爸爸妈妈或者爷爷奶奶或者是其他什么人吗？你喜欢的人都是美女帅男吗？肯定不是。而葛优，最开始的时候很多导演都因为他长得不好看而不让他演主角，可是由于他幽默诙谐的表演，观众还是都觉得他很可爱。

美丽的外表虽然的确让人赏心悦目，但这种赏心悦目也是有时限的，不说岁月流逝会让所有的美女变成满脸五线谱的老太婆，还有就像我们吃东西一样，即使是山珍海味，天天吃也会腻，久了就觉不出味道了。美女也是，第一次看觉得很美，第二次、第三次看仍然觉得很美，可是看了 n 次以后，那种美的感觉也就减少很多了。只有一个人的心灵和内在修养，才可以历久弥新，散发着吸引人的馨香。

莎士比亚说：“时间会刺破青春表面的彩饰，会在美人的额上掘深沟浅槽；会吃掉稀世之珍！天生丽质，什么都逃不过他横扫的镰刀。”聪明的女孩自然知道什么是真正的美了。

2. 难以抗拒你的容颜

——皮肤

马雅可夫斯基说："世界上没有任何一件衣衫比健康的皮肤和发达的肌肉更美丽。"这话没错，皮肤的确是我们每个人最漂亮的外衣，而且还是健康的镜子，它可以迅速反映人体健康变化状况。比如昏迷的时候，脸色就变得苍白，肺、肝、肾等内脏器官生病了或失眠、神经衰弱都能引起皮肤黑斑，没有光泽，出现皱纹等。所以，健康是对皮肤最好的保护，经常参加体育锻炼可以使人面色红润，运动还可以增加心跳次数，促进血液循环，这就等于在体内帮助清洁了皮肤，清除了皮肤的废物，增加皮肤的营养。

但是，健康的皮肤还需要保养才能得以保持，细心的保养能使皮肤变得有弹性，有光泽。有些女孩以为保养皮肤是要到皮肤出现了问题以后才开始，实际上如果那时才开始就已经晚了，因为即使是天生就健康的皮肤也会随着年龄的增长而发生变化，如果不从青春期开始就注重保养，皮肤会衰老得很快。

首先，要注意皮肤的清洁。皮肤表面分布着很多油脂腺的开口，如果不及时清洁的话，那些分泌物和空气中的微尘，以及化妆品的残留物和坏死的细胞混合在一起，堆积在皮肤的表面会堵住毛孔的呼吸，久了甚至会滋生细菌，出现炎症。尤其是青春期的女孩代谢旺盛，要特别注意皮肤的清洁。

其次，要注意皮肤的营养。滋润皮肤是必要的，可以恢复皮肤在一天里丧失的水分，并且保护皮肤正常的生活环境。不仅要抹滋润霜，还要从内部做起，防止内部脱水，要保证每天喝几杯清水，然后在洗澡、洗脸以后抹一些润肤霜。在往脸上抹这些东西的时候，要注意只能用中指和无名指的指尖和指腹，把润肤霜在脸上轻轻地揉开，让皮肤充分吸收其中的营养。而且这对脸部也是一种按摩，可以促进血液循环，消除疲劳，还可以刺激皮下弹性纤维组织，从而使皮肤保持弹性和光泽。

再次，皮肤还和我们的饮食习惯有很大关系。平时要有意识地根据自己的实际情况来选择食物，能有效改善皮肤的状况。比如，油性皮肤的人最好不要吃脂肪含量高的食物，如煎炸的食品、含大量奶油的蛋糕等，应该多吃蔬菜、水果和果汁等含维生素和糖类较多的食物；干性皮肤的人则可以多吃一些高脂肪的食品，口服维生素也有助于皮肤滋润。还是强调要保证饮水，但不要喝浓咖啡，因为咖啡有利尿作用，会加速机体脱水。总之，合理的营养、平衡的膳食对增进各类皮肤的健康都有好处。

最后，还要注意太阳对皮肤的伤害。太阳是皮肤的大敌，会加速皮肤的老化，出现皱纹等。因此，在阳光下活动的时候最好先涂一些防晒霜后再出门。

3. 铁齿铜牙

——牙齿的保健

有一个牙膏广告，第一个场景是一个美丽的女老师在教小朋友们分辨各种颜色："老师的衣服是什么颜色呀?""红——色。"小朋友毫不迟疑地拉长了声音回答。老师又问："老师的牙齿是什么颜色?"这下小朋友们犯难了，有的说："米色。"有的说："珍珠色。"老师不由地尴尬起来。最后一个场景还是这个老师跟小朋友们在一起，这回老师一开口说话，雪白的牙齿闪着光，小朋友们都"唔——"地发出赞叹的声音。

虽然广告有点夸张，但牙齿的健康对一个人的确实很重要的，一方面它负担着咀嚼的重任，另一方面也是美容的重要组成部分。不过很多女孩往往都忽视了牙齿的保健，因此受到龋齿、牙周病等的侵扰。

在人的牙缝里，存在着无数细菌和微生物，如果你取一点牙缝里的东西放在显微镜下观察，那是一个十分热闹的微生物世界。有人统计，1克牙垢里藏着100亿个微生物，它们就是造成龋齿的罪魁祸首。保护牙齿的首要任务就是要将这些微生物驱逐出去。有的女孩说我每天都刷牙，但对于什么时候刷牙和如何刷牙可能还不是很清楚，我们接着往下说。

研究发现，晚上入睡后唾液分泌减少，正是微生物繁殖的好机会。早上起床的时候是一天中口腔里微生物数量最多的时候，所以这时候刷牙可以将口腔中大量微生物一举歼灭。但这并不是说晚上的刷牙就不重要了，实际上临睡前刷牙的重要性不亚于早上刷牙。因为细菌的繁殖需要营养，牙缝中的食物残渣正是那些有害微生物的美食，而且刷牙还可以消灭口腔里的有害微生物。除此之外，在每次饭后，尤其是吃了甜食以后，漱漱口、刷刷牙，把食物的残渣洗漱掉。经过这样的扫荡，微生物的粮草就没有来源了。

至于如何刷牙，注意下面三点就可以了：首先不要横着刷，要竖着刷，因为横着刷不仅刷不干净还容易弄伤牙龈和牙釉，竖着刷既能较好的清洁牙齿又能按摩牙龈，利于牙周组织的健康；其次注意用含氟的牙膏，增强牙齿抗龋能力；再次，刷牙不要只刷牙齿的外面，还要刷内面和上面。

保护牙齿还要改掉一些坏习惯，如有的女孩做不出题目的时候喜欢咬笔头、咬手指等，有的喜欢睡觉的时候把脸枕在手上，趴着睡觉，张口呼吸，这些都会造成牙齿排列错乱，增加龋齿的可能。有的女孩喜欢剔牙，老觉得有食物塞在牙缝里了，其实用刷牙代替就可以了，尽量不要剔牙，如果非剔不可，也不要用坚硬的针剔，要用牙签顺着牙缝剔，否则容易造成牙周病。还有的女孩喜欢把牙当工具，比如开汽水瓶、咬铁丝等，这些都会给牙齿造成伤害。

另外为了清洁牙齿，多吃一些含纤维素多的食物，用两边来回咀嚼，可以防止形成牙垢和牙石。保护牙齿，持之以恒，一定会有收获。

4. 我爱长发飘飘
——头发的护理

我们每个人平均拥有十万多根头发，每根头发都有循环生长、脱落和再生的周期。健康的头发可以自己再生，每经过 5～6 年便会完成一次循环。但如果你的发质本来就不好，或者因为年龄、压力、激素、不完善的循环和滋养等原因，都会影响头发的健康生长和再生循环。

头发主要由两部分组成：发干和发根组织。一般我们称为头发的部分是发干，它生长在头皮之上，而在头皮下的就是支持头发生长的发根组织了。发根组织是一个神奇的系统，这个系统里的每种物质都各司其职、担当重任，基本功能就是制造每一根头发。它们都需要不断吸取养分和氧气来支持头发的生长，这对于发干的健康生长是非常重要的。

要使头发保持健康，必须注意以下几个方面的内容：

（1）保持饮食的营养平衡

有益于健康的饮食应该是维生素和矿物质含量丰富而饱和脂肪酸含量低的食物，如绿色蔬菜、水果及蛋白质含量高的鱼、家禽、瘦猪肉和牛羊肉等。现代营养学家研究证明，缺乏铁、铜等矿物质，会引起头发过早变白，应多吃动物肝脏、蛋黄、黑芝麻、核桃、黄豆等；头发脱落过多应补充蛋白质及钙、铁、硫等多种微量元素，如黑豆、蛋、奶、黑芝麻等食物。此外，过多吃甜食、脂肪，会促使体内血液偏于酸性而导致头发干燥、变黄。多吃新鲜蔬菜和水果，是保护头发的有效方法之一。

（2）参加运动，坚持锻炼

这是强健身体的要诀，也是保护头发的要诀。因为有规律的运动是消除紧张最好的方法之一，而紧张是造成发质不良的重要原因。

（3）用正确的方法洗头

洗头不仅是把头发洗干净，而且是保护头发的重要方法。但洗头一定要遵循科学的方法，否则会损伤头发。洗头前要先把头发梳通顺了，然后从顶部开始用大量的水打湿头发，最好用喷头，如果是用盆的话最好找人帮忙，不要把头发整个放入脸盆浸湿。洗的时候不要太用力，轻轻地揉就可以了，毕竟头发不像脏衣服那样需要用力搓。然后用清水冲净。最后弄干头发时，千万不要用力扯拉。尽量用两条毛巾，一条用于吸去大部分的水，一条将头发擦干。有的女孩喜欢洗完头以后把头发盘起来，这是一种不好的习惯，想想十万根头发挤在一起会是什么感受。只要从发梢开始用手指将头发拨开，用梳子轻轻将头发梳顺，自然风干就可以了。这样你的头发会重新充满活力。

(4) 防止阳光暴晒

过度的日晒会使头发干枯变黄，因此，夏季外出最好戴草帽或打伞。如果要到海边游泳，更要注意保护头发，因为海水中的盐分是头发的大敌。若头发中含有盐分，更能吸收阳光中的紫外线，使头发受损伤的程度增加好几倍。预防的方法是：事先在头发上涂适量的发油，以保护头发，还应戴不透水的游泳帽。游泳后一定要将头发冲洗干净。

(5) 避免伤害头发

对头发不适当的处理会造成潜在的危害。染发、电烫、卷曲或拉直头发都要仔细按照要求去做。头发状况比较好的才适宜电烫，而且电烫起码要间隔三个月，最好半年以上。因为烫发的药水对发质有损害，频繁使用会使头发失去光泽和弹性，甚至变黄变枯。对于正在成长的中学生来说更不宜烫发。另外，常用吹风机吹头发，对头发也有一定的损伤。还有些女孩喜欢把头发扎得很紧，觉得利索，其实这对头发的伤害也很大，还容易掉发。

(6) 不要随便使用增发剂，慎重选用护发用品

如果不了解护发用品的性能，就不要随便使用，否则会伤害头发。在使用前应当请教专业的美容师。

5. 你需要减肥吗？

一天小 H 回家当着爸爸妈妈的面大声宣布：“我要减肥！”然后每顿饭只吃小半碗，而且不吃肉只吃蔬菜。几天下来，她的脸色明显差了，而且在学校的时候总是很快就饿了，尤其是上体育课的时候，常常饿得胃疼，终于忍不住了，回家大吃了一顿，但还是耿耿于怀，觉得自己减肥没有成功。

任何年龄的女孩对自己的体重都很敏感，尤其是在这样一个以瘦为美的时代，海报上、电视里那么多的骨感美女时刻刺激着人们的眼睛。但是在青春期期间，体重本来就是要加重的，在 10～14 岁间大约要增重 18 公斤。因为这个时候全身骨骼和肌肉在迅速增长，另一个原因就是女孩皮下脂肪的增厚。月经初潮前后，女孩的大腿、臀部皮下脂肪堆积，多半女孩会感到自己在发胖，实际上这种胖的倾向是暂时的，因为这时候的脂肪是供给日益增长的四肢用的。等到青春期过后，这些积聚的脂肪会均匀地分布在女孩身体的各个部位，加上骨骼和肌肉的发育变得均衡起来，你就会成为一个亭亭玉立的大姑娘了。可见暂时的“胖”是日后成为窈窕淑女的必不可少的前奏，就不必过于计较了。

那么，什么样的体重才需要减肥呢？有人总结出一个根据人身高推算体重的公式：

女孩标准体重（kg）＝身高（cm）－100－［身高（cm）－150］/2

正常体重＝标准体重±10％标准体重，超重则是：实际体重≥标准体重＋20％标准体重，也就是说一个女孩的体重只有在超过20％标准体重的时候才是过胖。如果一个身高155厘米的女孩体重超过了63公斤，那么她就是太胖了，需要减肥；如果她的体重处在41～63公斤之间就是正常的，不需要减肥。

最后还要给想减肥的女孩提个醒，虽然饮食控制和运动可以在某种程度上改变我们身体的形状，但每个人都有一个基本体型，这是不管怎么控制饮食和运动都改变不了的。

三种常见的体型：圆润型为比较圆的体型，脂肪较多曲线较柔和；纤细型显得比较瘦削，较没有曲线；运动型肌肉比较发达，肩部显得比较宽，臀部比较瘦。

如果你属于圆润型，那么即使你的体重和纤细型的同学相同，你的外表看上去也会让人觉得比她们重。那些看起来很瘦的人也许因为她们的体型就比较消瘦，那么无论你怎么减轻体重也无法与他们一样。所以，在想减肥以前不妨先考虑一下自己的体型，对你的体型而言，说不定你的体重正好。

6. 节食有什么坏处?

爱美之心人皆有之，特别是处在青春期的少女，为使自己拥有优美的身材，想尽办法，吃减肥药、加强锻炼等，但这样做往往不能立刻奏效，所以就有很多少女采用节食这种可以快速见效的办法进行减肥。结果，体重的确很快下降了，但随之而来的其他问题又打了她们个措手不及。比如脸色差了、皮肤没有光泽了，还有每月准时来的月经也不辞而别了。有些少女缺乏正确的生理知识，对此不以为然，还有些少女不好意思跟家人说或去医院看病，使身体素质进一步下降，甚至引起严重的疾病。

一项英国的研究发现，少女节食会引起她们智商下降。因为节食会导致多种营养的缺乏，少女正是身体各方面功能迅速发展的时期，不论是缺了哪一种营养，带来的消极后果都是很难弥补的。比如，铁元素在造就人的智商时有举足轻重的意义。英国伦敦国王学院的纳尔逊博士说："我们惊讶地发现，很少一点铁水平的下降，就会带来智商水平的下降。"

据医学家分析，严格限制饮食或大强度的节食都会导致女性月经紊乱。具体说来，就是在一年之内，体重突然减少 5 公斤以上或体重减轻 10%以上的女性，一向规律的月经，往往会因为这种突然变化而闭经。还有些减肥者先发生闭经然后才出现体重下降。这些都是神经性厌食症的前期表现。为什么过度减肥会引起闭经呢？因为人脑内有一个下丘脑，它有一个重要功能，就是分泌一种叫做促黄体生成素释放激素的作用。这种激素名字难记，但可别小看了它的作用。促黄体生成素释放激素能刺激脑垂体分泌黄体生成素和卵泡刺激素，后两种激素会刺激睾丸或者卵巢发育，对月经来潮和精子、卵子的生成意义重大。也就是我们前面所说的下丘脑-脑垂体-性腺轴，这个轴还受大脑皮层的调控。当人发生厌食或主观上强制性要求减少进食时，全身营养状况恶化，体重下降，大脑皮层就会发生功能紊乱。当进一步节食，就会影响下丘脑-脑垂体-性腺轴功能，黄体生成素和卵泡刺激素分泌不足，卵巢分泌的雌激素和孕激素也减少，结果发生闭经。这种闭经的患者大多数可以通过停止节食，恢复体重，并使用促排卵药物治疗而得以康复，而其中恢复体重往往是关键。有人观察到，当少女体重恢复到标准体重的 85%以上时，月经往往会自行恢复。但是闭经时间越长，治愈的机会就越少。

因此，为了身体的健康，减肥要以科学为依据。

7. 为什么穿紧身裤和高跟鞋不好？

紧身裤可以收腹提臀，使人看上去更苗条，很多人都爱穿。但是，对于青春期的女孩来说却不是一件好事。紧身裤使骨盆、臀围都不能正常发育，时间长了会造成骨盆腔狭窄，给将来的生育带来困难。而且女孩的阴道经常分泌一种能杀灭病菌的酸性液体，因此外阴部常常是湿的，紧身裤透气性不好，湿气不仅不容易散发，还会增加出汗（尤其是夏天），使下身发出不好闻的气味。同时，阴道长期处于闷热和潮湿状态下，给细菌的繁殖带来了好机会，外阴部容易受到感染引起炎症，阴部瘙痒，严重的还会导致阴道炎、尿路感染等。另外，紧身裤也会使腰部受压迫，对呼吸系统产生不良影响。

因为人呼吸时，除了肺有节奏的呼吸外，还有赖于腹部起伏的辅助作用，腰部受压迫的结果会影响腹式呼吸的进行，使人感到胸闷气急、呼吸不畅，还会压迫腹内的血管，影响血液循环，引起头昏眼花等症状。

高跟鞋可以使人保持直腰、挺胸的姿势，给人一种挺拔修长的感觉，对于身材偏矮的女性来说，还可以弥补高度不足的缺陷。但是，穿高跟鞋也带来了很多不良反应。这是由于过高的鞋跟，使全身的重量移向脚掌，脚趾被紧紧挤入鞋的前端，承受超负荷的压力。久而久之，小脚趾和脚前掌会逐渐磨起鸡眼和茧子，大脚趾也容易肿，导致行走困难，严重的甚至因为血液循环受阻而局部组织坏死。而且由于鞋跟过高，腿部肌肉和韧带长期处在紧张收缩状态，容易造成崴脚、小腿抽筋，或是小腿、脚跟、脚趾疼。

青春期的女孩过早穿高跟鞋危害比成年女性更严重。因为这个时候正在发育，骨质比较松软，有很强的可塑性，鞋的大小、松紧都会影响骨关节的灵活，经常穿高跟鞋使脚不能正常生长，形状会发生异常，也损害脚的正常功能。

另外，骨盆是由许多块骨头互相结合，借助韧带和关节而形成的一个骨环，大约从 15～17 岁开始结合，全部过程要到 25 岁左右完成。它是传递全身重力的一个重要环节，穿高跟鞋时，全身重量集中在脚掌，就破坏了人体正常的重力传递线，使骨盆负荷加重，骨盆侧壁被迫往内收，导致骨盆入口狭窄，成年后可能会生育困难，或造成腰疼、腰肌劳损以及脊柱变形等不良后果。

但这并不是说高跟鞋就不能穿了，实际上，适当的鞋跟可以在我们走、跑、跳时给脚后跟一个缓冲，缓冲重力冲击对骨头的震荡。有一些欧美和日本的研究表明，鞋跟的高度以 3 厘米为好，绝对不能过高。

美虽然重要，但美的更高境界应该是健康和美并存。花季中的你青春逼人，本来就已经让很多人嫉妒了，如果为了追求眼前的美而损害了健康和正常的体态，岂不是得不偿失？

8. 你为"痘痘"发愁吗？

冰冰是个活泼开朗的女孩，可是最近原本光滑的脸上长出了一个个小红疙瘩，本来她自己也没有在意，可是同学们就开始叫她“痘痘龙”。虽然她表现得大大咧咧，最多说一句：“讨厌！”但当一个人照镜子的时候，看见那些大大小小的红疙瘩，也觉得很不美观。有时候看着看着就忍不住去挤它。有时候会挤出一些小白点，可没多久，挤了的地方就会变红肿，还留下一个小疤痕，真让人烦恼！

这就是我们平时说的“青春痘”，也叫“痤疮”、“粉刺”，一般长在脸上，也有长在背部、肩上的，但在脸上的痘痘是最让女孩们发愁的。其实这是青春期的一种正常生理现象。人的皮肤内有皮脂腺，能分泌皮脂，保护皮肤的润泽和弹性，脸部是皮脂腺分泌较多的地方。青春期来临的时候，性腺开始发育成熟，开始分泌性激素，于是刺激皮脂腺比以前更加活跃，皮脂的分泌比以前多，也更加黏稠。有时候这么多的皮脂不能完全从皮脂腺的导管排出，聚集在毛囊里面，时间一长，和毛囊口脱落的细胞、外界的灰尘混在一起堵住毛囊口，刺激毛囊局部形成炎症，就可以在皮肤上看到一个个鼓起的痘痘了。有时候轻轻一挤会挤出一小颗白色的像豆腐渣一样的东西，有的也会因为空气氧化和灰尘污染后变成黑色。然后就会在挤掉的地方出现一个小孔，一个小小的伤口。通常你的手上总是有细菌的，这样就很容易让细菌感染你的小伤口，使痘痘变得更红，肿起来，重的还会化脓，好了之后会留下褐色的疤痕。有时炎症侵入皮肤深层，好了之后还会留下小坑，这就更影响美观了，所以千万不要用手去挤你脸上的痘痘。

那么，是不是每个人都一定会长痘痘呢？只要你注意下面这些事项，就可以不长或者少长，即使是长了也可以让它们以后不在你的脸上留下难看的印记。①注意皮肤卫生。这是老生常谈了，但的确很重要，所以放在第一条。平时要用洗面奶和温水洗脸，洗掉脸上的油脂和灰尘，以防皮脂堵塞毛囊。洗脸的次数要看你脸上油脂多少来定，如果不是很多，早晚各一次就可以了。不要用油性的化妆品，不要用手去抠脸上的痘痘。②脸上痘痘比较多的时候，饮食要清淡一些，多吃水果、蔬菜，少吃油腻食物或甜食，因为含油多和含糖高的食物会使皮脂腺产油多。另外为了防止感染，可用蘸有酒精的棉团涂抹在长痘痘的地方，局部感染的话用四环素或红霉素软膏可以解决问题。③精神因素也很重要。保持愉快的心情和充足的睡眠对防止痘痘也有很好的作用。不要因为长了痘痘就苦恼不堪，觉得自己没脸见人，实际上很多人的成长过程中都经过这一步，谁都不会认为长了痘痘的女孩就是恐龙。④肠胃功能不正常，像便秘、胃酸有问题的女孩都比较容易长痘痘，所以有这些问题的时候要及时治疗。

痘痘其实是青春期的一种正常生理现象，并不影响健康，也不用特意去治疗，一般都会随着青春期发育的完善和体内性激素水平恢复到正常而自然消失。但如果十分严重，痘痘的密度和广度都很大的话，甚至洗脸都感到无处下手，就需要到皮肤科去医治了，千万不要自己随便处理，一定要去寻找专业人员的帮助，否则很可能就弄巧成拙了。

9. 少女束胸有什么坏处?

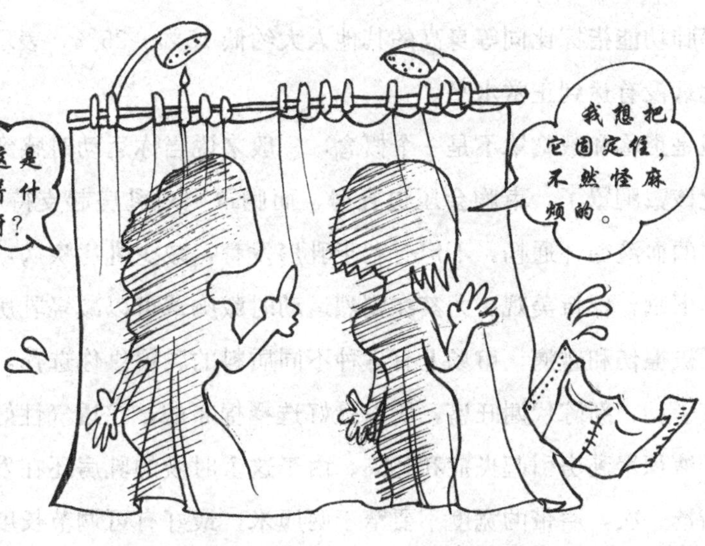

乳房发育是女孩进入青春期的重要标志，是最早出现的第二性征，健康的乳房是将来育儿哺乳的需要，也是女性美的体现。但有的女孩缺乏对青春期的认识，对乳房隆起感到难为情，或者为了追求体型苗条轻盈，而采取穿紧身内衣的方法来束缚乳房。这样做是很有害的。

首先，束胸对少女乳房的发育也是一种严重摧残。因为乳房后面是胸大肌和硬实的肋骨，其中没有多少缓冲压力的空间，过紧的束缚会压迫乳腺组织，影响血液的淋巴循环，妨碍腺体的正常分泌，从而影响乳房发育。在长期外力压迫下，容易造成乳头内陷，乳腺导管无法充分发展，会影响到将来的哺乳，乳汁排出不通畅，而淤积的乳汁经常引起急性乳腺炎。而且乳头内陷后，因为它下面缺少撑托组织，所以很难再恢复正常。凹陷下去的地方经常蓄积着不易清洗的分泌物，容易引起炎症或湿疹等，不但疼痛，还会散发不好的气味。

其次，束胸对胸廓带来了很大的压力。青春期的时候组成胸廓的脊柱、胸骨和肋骨之间的接合部分是软骨，还没有完全骨化，这种压力容易使胸廓变形，而且还使肺不能自由呼吸，同时帮助人体胸、腹部呼吸的肋间肌也受到了很大的压迫。有研究显示，那些束胸时间超过两年的少女，肺活量、肺容量等肺功能指标比同等身高的其他人大约低15%～25%，表示她们的生理功能远远没有达到正常水平。

但是束胸和戴胸罩不是一个概念，一般来说当你运动时感到乳房下坠那么你就该戴胸罩了。束胸会压迫乳房，而胸罩则对乳房起支持和扶托作用，使乳房的血液循环通畅，不但有利于乳房发育，减少乳房疾病，还会防止乳房过早下垂，保持美观。尤其在剧烈运动时戴胸罩可以减轻乳房震荡，保持乳头不被擦伤和碰痛。市场上有各种不同质料的胸罩供你选择，青春期的女孩比较爱动、新陈代谢旺盛，所以最好选择棉布的，它透气性好、吸汗，可防止汗液积聚乳房引起炎症和感染。由于这个时候的乳房还在发育，最好一年重新选一次，肩带的宽度不要窄于两厘米，最好有可调节长度的纽扣以免过紧，勒皮肤。晚上睡觉的时候最好摘掉胸罩，并做几次深呼吸和伸展动作，以保证胸部血液循环和呼吸的畅通。

对于女孩来说，丰满的胸部是身体健康的标志，应为自己挺拔的乳房感到骄傲。在日常的生活中还要学会一些乳房保养的方法，为使乳房肌更细腻、富有弹性，应经常洗澡，洗澡时可以轻轻按摩乳房，加速乳房中血液的供应；经常做一些阔胸运动，斜身引体向上等运动，以增加乳房下面的胸肌，使自己的胸部看上去更加健美。随着社会的发展，时代的进步，人们会彻底抛弃束胸这一错误做法的。

10. 体味是怎么回事？

小 H 最近发现身边的男生身上总是有一股怪怪的味道，就尽量避免跟他们走得太近，有时候必须从男生堆里走过的时候，都禁不住屏住了呼吸，不然真是太难受了，心里还默默想着：真是一群臭男生！可是自己洗澡换下来的衣服似乎也有挺大的味儿，这是怎么回事呢，还是跟以前一样的洗澡周期，怎么就变脏了呢？

这都是青春期惹的祸。在你的身体各部分都在突飞猛进地成长的时候，汗腺也会变得活跃，而且身体里会发生化学性质的变化，使你散发出一种较像成人的气味，所以青春期的男孩女孩很容易出现体臭。在你身上汗腺分布较多的地方，如腋下、肛周、手心、脚心和两腿之间等处汗腺代谢旺盛，加上经常运动，就会流很多的汗。如果不及时清理，大量的汗液积聚在这些地方，时间一长，引起细菌发酵，全身就会散发出不好闻的气味。已经月经来潮的女孩大概有过这样的经验，那就是月经期间稍不注意，也会产生不好闻的气味。

流汗是健康的，就让它流吧，千万不要为了怕流汗而减少运动，那样真是得不偿失了。运动的好处就不说了，流汗本身也可以促进新陈代谢，排出体内多余的水分和盐分。通常我们也有这样的感觉，就是在一场大汗淋漓之后，人会觉得神清气爽，非常舒畅。只要按时洗澡并换上干净的衣服，你身上的气味就不是一个问题。如果你仍然觉得身上有味儿的话，可以用一些清新淡雅的化妆品，如身体芳香剂和除汗清凉剂等。但千万不要忘记一点，那就是身体芳香剂是绝对无法取代肥皂和水的作用的。如果身体没有洗干净，化妆品的味道和体味混合起来的气味更难闻。还有一点需要注意，那就是不要使用阴道芳香喷液之类的东西，一方面它们可能使阴门敏感的皮肤觉得不舒服，更重要的是阴道发出的不好闻的气味可能是感染的一个征兆，把这个信号盖住了，就很可能忽略掉从你身上发出的一个重要信号。

还有一种体味叫腋臭，它是来自腋窝等处的一种特殊臭味，因为近似狐狸的臭味，又叫“狐臭”。这是大汗腺分泌过多引起的。人体的汗腺分为大汗腺和小汗腺。小汗腺分布在全身皮下，分泌的汗液呈液体状，稍带一些酸臭味，不易被人察觉。大汗腺分布在腋窝、外生殖器等处，分泌的汗液呈黄色半油质状。大汗腺分泌汗液时，本身的细胞不断被破坏和脱落，加上皮脂腺分泌物所含的脂肪酸、蛋白质等，经细菌作用，腐败变质而产生难闻的臭味。腋窝的大汗腺最多，又不易透风，因此是散发狐臭的主要场所。对于轻度腋臭，只要注意个人卫生，保持腋窝的清洁、干燥，勤换衣服勤洗澡，平时少吃刺激性食物，洗澡时用抗菌浴液，洗后用花露水或爽身粉，别人是闻不到气味的。如果腋臭比较严重，气味很大，使自己烦恼也影响他人时，就应该在医生指导下进行治疗。局部用防臭剂、冷冻疗法或是手术根治，切除腋窝的汗腺，腋臭自然消失，所以不用太担心。

11. 怎样对付讨厌的汗毛？

每个青春女孩都希望自己皮肤白皙，或者至少是光滑细腻，但不是每个人都可以长成这样的。正常女孩的体表皮肤，除了手掌、足底、乳头、手指和足趾的末节、阴唇的内面之外，都具有毛囊，可以长出毛发。如果你觉得身上的汗毛太重，首先不要认为自己是不是有了什么毛病（也许你的家人中有这种多毛体质倾向，你只是受了他们的遗传），你的身体一切正常。除非你是不仅毛发十分浓重，而且还伴随着喉结突出、声音低粗、肌肉发达、月经不调或闭经等现象，这就可能是卵巢或肾上腺皮质病变了，应该去看医生。

汗毛加重也是青春期的表现之一，手上和腿上的汗毛会比以前长得更多，而且颜色比以前深，有的会在青春期以后变回原来的浅色，有的就继续保持这种变深的毛色了。如果你觉得汗毛实在令人讨厌，想除掉的话，可以参考下面的一些方法：

刮除。市场上有专门的女士剃毛刀供你使用，可以刮除皮肤表面上的毛。这种方法不会痛，也比较容易，而且一般来说不像其他方法那样会产生不适感。但是毛发会很快长出来，而且看上去和感觉起来似乎比以前黑而且密了，虽然实际上并没有。需要注意的是要用自己的刮刀，不要借别人的，也不要把自己的借给别人用，并且在每次使用后要把它清洗干净。刮毛之前可以先在热水里泡上几分钟，还可以涂抹一些润肤霜或肥皂泡沫，可以软化毛发及减轻刮刀灼伤。要逆着毛发的方向刮除——刮腿毛时要向上刮，而腋毛则要把手臂举起来向下刮。另外，不要立刻在刚刮完毛的地方擦乳液，那样会有不舒服的感觉。

脱毛药膏。脱毛药膏含有化学物质，能消除皮肤表面下的毛发，并且提供了一个比刮除更光滑及持久的脱毛法，但可能会带来非常不舒服的感觉。所以，使用前要仔细阅读使用说明书，而且脱毛药膏针对不同部位的特点设计了不同的产品，不能乱用。在使用前先将药膏涂在一小块皮肤上，一旦皮肤对它过敏就不要用了，否则对皮肤的刺激太大。药膏应依毛发生长方向涂在皮肤上，并留在皮肤上一段特定的时间。当你把药膏擦掉时，那些不想要的毛发也一并被除去。

除毛蜡。将热蜡涂在皮肤上，等变冷后剥掉，不要的毛发也跟着一起被拉掉了。这种除毛的时效比刮除或脱毛药膏久，但仍然不是一种永久性的除毛方法，而且不能用于腋下。它也和脱毛药膏一样，是针对特定部位设计的，不能乱用。建议到专业的美容院请专业人士来帮忙进行这种除毛工作，如果非要自己来的话，要切实遵守使用说明书上的指示，并先选一小块皮肤做试验。

拔毛钳。最好在洗澡时或洗澡后毛发还柔软的时候进行，对于几根乱长的眉毛是没有问题的，但如果拔其他部位的毛的话就不合适了。

电流毁毛根的手术。这是一种永久除毛的方法，是通过使用电流摧毁毛发的根部，从而去掉脸部及其他部位的毛发。但这个方法绝对不是无痛的，而且花费很高，还需要几次重复的手术来除去一个区域的全部毛发。

这五种去毛的方法，前四种都是需要长期反复操作的，最后一种方法似乎可以一劳永逸，但看上去也挺可怕的，而且对于成长中的你来说，很难保证对你的身体不会带来负面影响。相信，聪明的你会有办法解决的。

12. 使用化妆品应该注意些什么？

化妆品是保持皮肤健康、增进美容的日常用品。一般分三类：彩色化妆品、保养护肤品和清洁用品。青春期女孩用得比较多的是后面两种，即洗面奶、润肤霜之类的东西。面对种类繁多的化妆品，很多女孩不知道如何选择而胡乱尝试，这对皮肤是不好的，应该根据自己的皮肤性质、性别、年龄、生理条件、不同的季节来选择，适合自己皮肤的就是好的。当然在挑选化妆品时首先要注意产品的质量，质量的优劣并不在价格的高低，而是要安全可靠，没有不良反应，能够对人体的生理功能有某种促进作用，并且是正规厂家生产的。同时还要注意产品的有效期和生产日期，并检查包装是否密封良好，一旦有问题就不要购买使用。

下面，具体从上面提到的几个方面谈谈化妆品的选用。

按皮肤性状选用化妆品。对于油性皮肤的女孩，要用洗净力强一些的洁肤用品和具有收敛性的化妆水类用品，可选用水质的膏霜类护肤用品。干性皮肤的女孩，应该使用含油脂成分多一些的洁肤用品，以及含油量高的冷霜之类的护肤品，不宜使用甘油，因为甘油吸水性比较强，用了以后会使你的皮肤更加干燥。中性皮肤的女孩，则可选用洗净力较弱的洁肤用品，以及乳液、润肤霜之类的护肤品。

按季节选用化妆品。一年四季气候条件不同，人的皮肤状态也随之发生不同的变化。夏天比较热，皮肤的汗腺、皮脂腺功能旺盛，经常分泌较多的汗液和皮脂。这时以使用含油量较少的化妆品为好。为了防止阳光中紫外线对皮肤的损伤，可选用防晒油等护肤用品。另外，爽身粉、花露水也是夏季常用的化妆品。冬天气候寒冷干燥，尤其是在北方，汗液和皮脂分泌减少，皮肤往往变得干燥，有时会产生皲裂，这个时候就应该用油脂含量高且内含保湿成分的雪花膏、润肤霜等用品。而春秋两季节风沙比较大，可以选用含油量中等的乳液类护肤用品。

按性别、年龄选用化妆品：人的皮脂不仅因年龄、气候而不同，而且和性别也有关系。对于男性，他们的皮脂分泌量比女性多，皮肤更是强烈偏“油性”。男用化妆品的主要作用就是可以吸收分泌旺盛的油分，保持皮脂的平衡。因此，中性或干性皮肤的女性用了这些化妆品后，反会使皮肤干得更厉害。在女用化妆品中，也有分别适用于少女、孕妇及中老年妇女的各类化妆品。如老年人用的某些营养润肤化妆品就不适用于年轻人，因为这些营养化妆品为了防止皮肤的进一步老化，常加入激素类药品，这些药品的添加，有防止皮肤萎缩的作用。但对于激素分泌正常甚至偏多的年轻女孩来说，不仅不会起到上述作用，还会刺激皮肤，甚至导致某些皮肤病的发生。

按用途选用化妆品。有不少化妆品从外观上看很相似，但它们的效能、用途却不一样，如防晒、祛斑、抗皱等，所以在使用的时候要看清楚，不要乱用。青春期的女孩一般用润肤品就可以了。

13. 健康歌

——健美操锻炼

青春期的女孩，身体基本定型，体重明显增加。骨盆发育日渐成熟，心血管和运动器官发育却较缓慢。表现为肩带窄、胸廓小、肺活量小、肌肉收缩力和耐久力差，出现躯干四肢与内脏器官发育不平衡现象。由于性激素的影响，有些女孩变得不那么活泼好动了，虽然对形体变化非常敏感，希望获得优美的体形，但没有任何行动，幻想是不能变为现实的，而健美操是一个获得优美体形的好办法。

很多人对健美操有误解，有人说：可别练健美操，把女的练得一身肌肉，跟男的似的。这其实说的是健美比赛中的女性肌肉型体格，和我们日常的健美是不一样的。健美是要求最大限度地发展肌肉，使肌肉发达到极限程度。健美操是20世纪80年代传到我国来的，英文原名“aerobics”（所以有人也把健美操叫做阿洛别克操），意思是“有氧运动”、“健身健美操”，有氧运动活动时间长、强度适中，能有效控制体重，提高练习者身体素质。健美操运动对场地要求不高、四季都能开展，对人体的心肺功能、耐力水平以及维持良好体形都有很大的促进作用。美国著名影星简·方达根据自己的健身经验和体会，在1981年编写出版了《简·方达健美术》引起了世界的轰动，极大地推动了健美操运动的发展。

青春期少女形体锻炼主要是胸部、腰背部、大腿和臀部的锻炼。下面给大家介绍一些实用的形体美锻炼技巧。

胸部锻炼方法：①双膝跪地，手臂伸直撑地。向下做屈臂动作，直到下颏和胸触地。屈臂时注意臀部不要后翘，身体重心在手上，手臂支撑体重，静止片刻，重复8～10次。②仰卧地下，向上做挺胸动作。到极限时静止片刻。注意，挺胸时头和臀部不得离地，重复做6～8次。③双膝跪地，上身直立，双手合掌置于胸前。两手用力互推，做对抗动作。注意，肘关节不得下垂，前臂成“一”字形，挺胸抬头，配合深呼吸，做8～10次。

腰背部锻炼方法是：仰卧起坐，做6～8次。做的时候注意挺胸直腰。

腿的曲直直接影响形体美，太粗太细都不美，可用下述方法锻炼：靠墙站直，双臂侧平举，掌心贴墙，然后分别把左右腿抬至齐腰的高度，再还原。重复6次，注意，腿举摆时膝盖始终要伸直。

在坚持上述锻炼的同时，还应做些走、跑、跳、身体波浪运动和柔韧性练习，以全面锻炼身体，塑造健美的体形。功夫不负有心人，只要循序渐进，坚持锻炼，一两个月后照照镜子，你就会露出满意的微笑。

小广播

青春期：锻炼身体的最佳时期

“生命在于运动”，科学的体育锻炼有益于人体健康，而青春期更是锻炼身体的最佳时期。青春期锻炼身体对青少年来说有如下好处：

第一，锻炼可以促进身体的生长发育。有资料表明，经常进行体育锻炼的青少年比不爱活动者的身高平均高 4～9 厘米，胸围平均长 2～5 厘米。也就是说，经常参加体育锻炼者的生长发育水平明显高于不经常锻炼者。

第二，锻炼可以提高机体的“储备力”，增强青少年的体质。经常进行体育锻炼的人的心肌纤维增粗有力，心脏的储备力就强。一个优秀的运动员在进行剧烈的体育比赛时心脏每分钟的排血量能比平时高出8～10倍。同样的道理，我们的肺部也存在储备力的问题，一个坚持进行体育锻炼的人进行剧烈活动时，每分钟的呼吸量较平时可增加10倍，甚至更多。

第三，锻炼能增强机体的抵抗力，培养人的反应力和灵敏性。体育锻炼能增强青少年的机体对外界环境的适应能力，促进其防御机制的完善，大大提高其抗病能力。此外，人的动作是否灵活准确、反应速度的快慢都取决于脑、神经以及运动器官协调能力的好坏，而运动可以增强这种协调性，使青少年变得心灵手巧。

第四，锻炼能使青少年的体形健美，磨炼青少年的意志和毅力。当今世界被绝大多数人所接受的形体美的标准是健美，也就是身材适中、肢体匀称、五官端正、肤美发好、内脏器官功能正常、神经系统反应迅速准确、关节活动灵敏和柔韧有力。而这一切往往都需要通过持之以恒的锻炼来获得。有的青少年贪睡，早晨不愿起床；有的青少年怕冷，冬天不愿出门；有的青少年锻炼了几天后便全身酸痛，不愿再动……能不能克服这些困难，坚持锻炼，是对我们意志和毅力的考验。

亲爱的女孩，如果你想让自己拥有健康的身体、健美的身材，那么请你坚持进行体育锻炼吧！

来源：《解放军健康》（赵新娟）

五

让青春更健康

1. 什么是经前期紧张症？

小H这几天变得情绪容易波动，烦躁、易怒、易激惹，自己也不知道是怎么回事。好朋友S关心地问她："你是不是快来那个了？"她一算日子，好像是快来例假了。S煞有介事地说："那你这就是经前期紧张症。"

其实并不完全正确。"经前期紧张症"是指某些女孩在每次月经来之前，身体某些系统会发生不同程度的功能失调，表现出一些类似疾病的身体和精神症状（情绪不稳只是症状的一个方面）。这些症状在月经来潮前10天左右出现，经前1～2天加重，月经后消失或明显减轻。具体的表现是：①头疼、头晕、恶心呕吐、心跳加快、全身浮肿而体重加重（增重1～2公斤）、手脚发凉、四肢疼痛、乳房胀痛等；②神经过敏、烦躁易怒、易与别人发生冲突、过于挑剔、焦虑、注意力不集中或者相反表现为忧虑、孤独、爱哭、冷漠等。当然不是有“经前期紧张症”的人都会有上述所有的表现，通常只有一种或几种，表现的程度也有轻有重。除了是由性器官的疾病引起的外，大多数“经前期紧张症”仍属正常生理现象，随着发育成熟将逐步减轻或自然消失。

究其原因，是由于体内激素分泌不稳定造成的。月经受体内的内分泌控制，主要是雌激素和孕激素进行双向操纵。一方面卵巢在内分泌功能发育过程中，下丘脑-腺垂体-卵巢三者之间的平衡关系还没有很好地建立，卵巢的内分泌活动常常引起一些异常的反应。另一方面，许多女孩受生理和心理上还不成熟的限制，看待问题不冷静，缺乏足够的耐心，很容易被日常学习生活中不顺心的事情所困扰，引起情绪的波动。再加上月经来临前的不适感觉，她们的神经、精神处于不稳定状态，大脑兴奋性改变，体内的雌激素和孕激素比例不协调，引起了自主神经系统功能的紊乱，从而造成情绪的不稳定甚至反常。此外，痛经、闭经、经血过多或经期延长、淋漓不尽等不正常的月经现象也会影响情绪变化，而情绪的波动反过来又会加速子宫收缩，造成经血过多或经期延长，这样形成不良循环，不利于女孩顺利度过经期。

预防和控制各种症状的发生而精神愉快地度过月经期，主要要注意情绪调节，努力克服外部因素干扰，做到坦然对待月经来临，消除思想上不必要的紧张情绪；经前有意识地避免一些可能引起不良反应的刺激，如少接近那些好争论的同学；积极参加一些有趣的娱乐活动，听听舒缓的音乐，阅读一些戏剧性的文学作品等，以转移自己的注意力，保持乐观向上的精神状态；生活有规律，注意劳逸结合，不用脑过度，适当休息，减少疲劳；饮食上可以多换换口味，增进食欲等。总之要学会自我调节，以一种有准备、无负担的状态迎接经期的到来。

情绪波动严重的可适当服用谷维素、维生素 B_1 和 B_6，对调节功能的稳定有一定的帮助。少数症状严重的可以求助医生，在医生的指导下服用某些药物。

青春期小测试

1. 你的乳房在月经要来之前是否会肿胀且较敏感？

2. 你每个月是否有暂时的体重增加？

3. 你在月经快来的时候，是不是特别想吃巧克力或其他甜食？

4. 你在经期前的几天是否会心不在焉、健忘或烦躁？

5. 你是否会在月经前两个星期开始为一些小事而失去控制？

6. 你是否有时会在月经来之前有便秘的情形，但在开始来月经后就开始拉肚子？

7. 你是否在月经来前两个星期的某个时候开始会有肚子疼，但月经一来就好了？

8. 在月经前一个星期的时间里你是否晚上总睡不好？

如果你的答案中“是”越多，那你就越有可能患上经前期紧张症。

2. 什么是神经性厌食症？

有些人都瘦得皮包骨头了还是觉得自己胖，成天不吃饭，只能住院打营养液维持生命。他们还总是企图连营养液也不要，往往要经过艰苦的治疗才能好转。这就是神经性厌食症，是一种心理-行为障碍，多发生在12～18岁的少女当中，发病率约为同龄男孩的12～15倍。主要是有些青少年片面追求苗条，在没有科学指导的情况下盲目节食减肥，结果最后不但没有达到体形健美的目的，反而给身心健康带来极为不良的后果。此病以前主要见于欧美白种人群中，近年来在我国的患病率也上升了。

一个患有神经性厌食症的人几乎不吃任何东西，而且还可能做剧烈运动，以求进一步减轻体重。虽然已经把自己饿到皮包骨头的程度了，但照镜子的时候仍然觉得自己胖。这些患者或者从来不胖，或者已经通过饥饿、脱水、腹泻等不正确减肥手段使体重降到正常水平，但她们仍然强烈地感到自己很胖，所以在强烈的心理作用驱动下进行过度、持久的节食。逐渐地，引起了一系列的神经-内分泌变化，就真的出现了平衡失调，由原来的强制性节食变成了真正的厌食状态，见了什么食物都没有食欲，吃一点就饱，即使在别人的逼迫下吃了一点东西也要想方设法吐出来才舒服。

当这种厌食持续一段时间后，身体各部分的功能迅速下降，有的甚至会出现生命危险。由于各种营养的全面缺乏，体内新陈代谢和身体内外平衡受到严重干扰，出现心率减慢，血压低，皮肤干燥无光泽，头发脱落，四肢冰凉等症状。还由于蛋白质的缺乏，会使全身（从下肢开始）出现水肿，心肌严重缺氧而引起充血性心力衰竭，常是死亡的最直接原因。脑、心、肝、肾等器官也受到严重打击，而且这种破坏性是不可逆的，永远无法弥补。比如大脑组织内的新陈代谢活动无法正常进行，引起神经传导受阻，注意力分散，思维能力全面下降。这种代谢异常还有可能引起尿毒症，这也常常是厌食症导致死亡的原因之一。厌食症患者还常常死于各种传染性疾病，因为厌食症全面破坏了人体免疫功能，各种免疫细胞、抗体都失去了吞噬、杀灭细菌、病毒的功能，以致一点小毛病就会引起全身感染，甚至出现中毒休克。这个时候的女孩月经也停了，而且，因为雌、雄激素的合成受到了全面的冲击，性的成熟已经全部停顿。

神经性厌食症一旦确诊就要全力以赴进行治疗，否则拖延时间越长，治疗难度越大。虽然医生有一套比较有效的治疗手段，但能否治愈还要看心理治疗的效果。因为厌食症患者一般都持有对肥胖的恐惧和越瘦越美的观念，由此产生了对自己形体的错误概念，以致到了严重营养不良的程度都还在想着自己正在变得越来越美，察觉不出自己已经有生命危险了。虽然心理辅导可以帮助她们克服这些问题，但成功的机会也取决于发现的时间以及治疗的情况，一般来说十几岁以下发现并治疗，成功机会比较大。

3. 什么是神经衰弱？

有些女孩上了中学以后一到中午或晚上就感到头疼，或者是头重，像戴了个孙悟空的金箍一样；有的人是学习一天以后，躺在床上想早点入睡，却偏偏思绪杂乱，半天睡不着，好不容易睡着以后还老做梦，醒来后仍然觉得累；还有一些是整天都感到疲倦，精神萎靡，四肢无力，肌肉酸疼。这些女孩记忆力明显减退，注意力不集中，情绪容易冲动。这些都是神经衰弱的症状，如果不及时采取措施调整，任其发展，严重时还会出现耳鸣、眼花、眩晕、多汗、食欲不振等神经系统功能紊乱症状。

引起神经衰弱的原因主要是精神因素。比如，有精神创伤、经常担心学习成绩不理想、精神压力和思想负担比较重的人容易神经衰弱。从现代医学、心理学的角度看，神经衰弱不是由细菌或病菌的感染引起，也不是由于神经系统本身的病变导致，而是由于大脑皮层处于长期紧张状态，过度兴奋，使兴奋和抑制的神经过程的平衡受到破坏，从而导致神经系统的活动功能紊乱。特别是在青春期，神经衰弱的发生率较高，对各地中学生调查发现，发病率波动在5%～15%范围内，而初三和高三的毕业班学生发病率往往更高，从性别上看女孩高于男孩。

但得了神经衰弱也不是那么可怕，只要积极采取措施调整，就能使大脑功能恢复正常。神经衰弱属于“心因性疾病”，要治疗应以精神治疗为主。

首先要乐观，相信这不是什么顽症，一定可以治好。神经衰弱的女孩在处世和对自我的认识中，要充满信心，这样就不会思虑过重，被各种精神负担所压垮，最好是能把战胜神经衰弱看作对自己意志的一个锻炼。有了信心以后还要学会乐观，心胸开阔，像范仲淹说的“不以物喜，不以己悲”。这是一种很高的境界，未必每个人都能做到，但我们可以努力去做。神经衰弱的女孩一般都胆小怕事，意志薄弱，过于内向，在紧张的脑力活动中，不会放松和调节自己；在遇到重大事件的时候不会寻找发泄的时机解脱，容易陷入绝望和苦恼中；在自己能力达不到预想的期望值时，也不会具体分析主客观原因，只是一味自责。我国古代医学著作《内经》中说：“心怵思虑则伤神，忧愁恐惧则伤心。”可见乐观是通向健康的法宝，要想不得病或者得了病以后早好，乐观是最重要的。另外，情绪稳定、自信乐观也是心理健康的标志之一。

其次要加强体育锻炼，调节好生活的节奏。体育锻炼可以解除脑力疲劳，使学习的时候精力旺盛，对预防神经衰弱有积极作用。每天合理安排学习的时间和内容，虽然人有很大的潜力，但是也不能违背神经活动的规律，否则只能事与愿违。所以没有必要和别人比，因为每个人的身体素质不一样，精神状况也不同，不要给自己带来额外的负担和压力。制订合理的作息时间表，劳逸结合，一张一弛。

最后，如果必要的话可以适当地服用一些药物，控制疾病的发展。但一定要在医生的指导下服药，不能自作主张乱吃药。

4. 痛经怎么办?

下课了，往常总是第一个冲出教室的小 H 今天却老老实实地待在自己的座位上，双手按着自己的肚子，一脸痛苦的表情，过一会儿又好些了。也许你也有过类似的经历，就是在月经前或月经期间感到不舒服，腹部坠胀甚至疼痛，乳房胀。这些是正常生理现象，不至于影响正常生活。但有少数女孩（10%左右）在月经前几天、几小时或月经期间，下腹部、腰部会发生剧烈的胀痛、绞痛甚至阵痛，有的还伴有恶心、呕吐或出现面色苍白，手脚冰凉、出冷汗甚至晕倒的现象，这就叫痛经。

痛经可分为原发性和继发性痛经两种。继发性痛经是指由于生殖器官发生病变如子宫内膜异位症等引起的痛经，消除痛经的唯一办法是治愈这些疾病。原发性痛经又称为功能性痛经，不是由器质性疾病引起的，而是由于生殖器官功能不完善造成的，通常发生在月经初潮后不久。一般女孩痛经都属于这种情形，在发育成熟后这种痛经会逐渐减轻或消失。

原发性痛经与心理因素、体质强弱、子宫收缩和经期卫生有关。对于中学生来说，绝大部分痛经和心理因素有关。平时情绪容易紧张、对痛比较敏感、情绪不太稳定的女孩容易痛经，由于对月经怀有恐惧和焦虑，在大脑中形成了不良的条件反射，从而加重了神经的痛觉敏感性。体质弱、缺乏锻炼的女孩也容易产生痛经，这是因为虚弱降低了身体的耐受力。有些女孩的子宫发育尚不完善，如子宫肌肉和纤维组织比例失调，致使月经时子宫产生不协调收缩；有些女孩的子宫宫颈口或子宫颈狭窄，子宫过度倾曲，导致经血流出不畅，刺激子宫剧烈收缩而发生痛经。另外，剧烈运动、经期淋雨受寒、涉水过河或吃冷饮过多，也会引起子宫强烈收缩而发生痛经。

那么，如何消除或减轻痛经呢？首先，要消除对月经的恐惧和紧张情绪，保持精神愉快、情绪稳定是克服心理因素引起痛经的最好办法。其次，提高经期保健水平，不要受到不良环境的干扰，经期前后听听音乐、看看小说、注意休息、避免剧烈运动都对轻松度过经期有益。平时加强体育锻炼，提高对环境的适应能力和抗病能力，这也是克服痛经的身体基础。

如果痛经较重的可以采取适当的措施：①适当服用一些镇痛、止痛、抗痉挛的药物，如肠溶阿司匹林等，另外中药对治疗痛经也很有效，通过调理全身生理状况而达到根治痛经的目的，严重的不妨考虑一下；②用热水袋敷胀痛处；③吃些蜂蜜、香蕉及酸菜等食品以及富含纤维素的食品如白菜、芽菜、韭菜、粗粮等，既可以防便秘，也可以消除痛经的诱导因素，同时忌食生冷和刺激性食品，如葱、蒜、辣椒、冰激凌等。另外，坚持做医疗体操对缓冲痛经也是有好处的。

痛经是女孩青春期中的暂时性症状，25 岁以后，特别是结婚、生育以后，伴随子宫得到充分发育及内分泌活动的更加稳定，痛经自然会好转。所以，痛经的女孩不必过于担心。

5. 闭经怎么办？

这个星期天家里只有小 H 和妈妈两个人在。吃饭的时候小 H 几次抬起头想跟妈妈说话，又咽回去了。直到妈妈进厨房洗碗去了，她才鼓起勇气小声跟妈妈说："我已经快两个月没来那个了……"

月经是每个发育正常女孩都会有的生理现象，而且正常的月经是一个周而复始循环的过程。虽然每个人进入青春期的时间有差异，发育状况也不一样，很晚才出现月经或者月经周期不太稳定都是正常的，但有一种情况必须高度注意，那就是闭经。闭经就是不来月经，分为原发性闭经和继发性闭经。

原发性闭经是指年龄超过18周岁，按照发育水平来说应该月经来潮，但从未发生的。造成这种情形的原因主要是生殖器官发育不完全。比如处女膜闭锁、阴道下段闭锁和子宫颈闭锁，这种情况下虽然有月经形成，但经血不能排出，称为“假性闭经”或“隐经”。患有假性闭经的人可能发生周期性下腹痛，需要手术治疗。又比如卵巢疾病、先天性卵巢发育不全或卵巢肿瘤、没有卵泡发育和排卵，也会发生闭经。还有一种情况是子宫内疾患，如子宫结核和先天性子宫发育不良等，虽然每个月都有卵泡发育和排卵，但子宫内膜对雌激素、孕激素的刺激没有正常反应，也不会产生月经。对于原发性闭经要及早检查，及早治疗，这样会获得比较好的效果。即使是极少数因先天性因素造成的疾病，完全恢复比较困难，早期治疗也可以在原有基础上获得不同程度的改善。

继发性闭经是指已经来过月经，但又超过三个月没有来月经的现象。原因之一是怀孕而停经，这是妇女判断自己是否怀孕经常用的一种方法；另一个原因是下丘脑-腺体-卵巢三者间平衡关系不稳定，致使自主神经功能紊乱，这属于精神性因素，和心理作用也有关，大多数青春期女孩的闭经都是属于这种情况。我们知道月经是由于卵巢周期性地发生卵泡发育、排卵和雌激素、孕激素的周期性消长，导致子宫内膜周期性地增生、分泌、脱落和出血形成的，如果某种因素使这一系统中的任一环节发生了病变，就会影响整个系统的平衡和稳定，轻的出现月经紊乱，重的就发生闭经了。例如，精神紧张、焦虑、寒冷等不良刺激；或者全身消耗性疾病，如肺结核、营养不良等；某些药物的影响；某些内分泌疾病，如多囊卵巢综合征、肾上腺-性腺综合征等，均能干扰这一系统正常的生理功能。而丘脑、腺体和卵巢本身的疾病也会导致闭经。

通常情况下，神经系统较敏感的人对情绪的控制能力也较差，生活环境的突然改变、过度疲劳、偶感风寒都会引起情绪的剧烈波动，从而产生紧张、焦虑、抑郁、恐惧、悲伤、过度气愤等情绪反应，影响了内分泌功能，从而导致闭经。有些心理素质差的女孩不善于进行自我调节，难以适应外部环境的变化，发生闭经的情况比较多。而且通过上面的分析可见闭经本身并不是一种疾病，而往往是某一疾病的一种症状。青春期女孩一旦出现闭经，应该立即到医院就诊，找出原因进行治疗。治疗闭经首先要注意自我控制，不要紧张恐惧，否则会使闭经的时间更长；其次要加强营养，注意生殖道卫生，劳逸结合，加强锻炼，月经是可以恢复的。

6. 怎样避免脊柱变形？

以前有个罗锅找不着媳妇，好不容易有一回去相亲，两个人相约在闹市见面。这个罗锅担心自己的罗锅把未来媳妇吓跑了，于是冥思苦想想出了一个办法，在背后背了个锅，这样就刚好挡住自己的罗锅。当他背着锅战战兢兢出现在街上的时候，看见那个女子骑着一匹马走来，模样还挺俊俏，心中窃喜。那个女子见这个背锅的人也觉得挺好，于是就定亲了。等到入洞房的时候才发现，这位是个罗锅，而那位骑马的则是个瘸子。

这虽然是个笑话，也可见罗锅不是一件好事，不仅影响人的外表美，有时还影响正常活动。所谓罗锅就是脊柱变形，所以要防止脊柱变形。

脊柱是指人背后从颈部开始到尾骨，正常人的脊柱从侧面看有4个弯曲，分别在颈部、胸部、腰部和尾骨处。驼背就是脊柱失去了这4个正常的弯曲形状，或是在这之外又多了其他的弯曲，看上去背向后弓，显得人没有精神，外形也不好看。

青少年的脊柱容易变形，因为骨骼中的有机物成分比较多，骨骼韧性较好，具有较大的可塑性，若不注意坐立行走的姿势，容易发生变形。比如，写字趴在桌子上，听讲的时候没有坐直，走路看着地没有抬头挺胸，特别是一些个高的同学和别人在一起时总是习惯性地弯腰，时间长了就形成了罗锅。另外一个形成罗锅的原因是缺乏体育锻炼，有些女孩不爱运动或是只顾学习，背肌发育不良，时间久了就形成了罗锅。

怎么避免脊柱变形呢？首先要端正身体的姿势，正确的姿势不仅有助于一个人形成健美的体态，而且对良好的生长发育和健康有重要影响，可以使体内各器官处于一种最佳状态。平时不论是站着还是走路，都要把胸挺起来，肩膀自然向后舒展；坐的时候脊柱挺直，看书写字的时候不要过分低头，更不要趴在桌子上，能做到古人说的“站如松，坐如钟”最好了。其次睡觉的时候最好采取侧卧的姿势，双腿弯曲，向右侧卧，这样不仅可以使肌肉松弛，还有利于心脏的收缩和扩张，促进血液循环。这是一种十分自然的睡觉姿势，最近有研究表明，这种睡姿有利于身体和手脚舒展，有助于身体长高。而且最好睡硬板床，这样可以使脊柱在睡觉的时候保持平直。再次是加强体育锻炼，除了平时上体育课锻炼身体以外，还可以做一些矫正体操。

7. 怎样做好经期保健？

月经来潮时，子宫内膜脱落造成子宫壁出现暂时性大面积创口，加上女性阴道口至子宫颈口的距离很近，脏东西很容易进入子宫引起细菌感染。所以，月经期间保持阴部卫生是非常重要的。

首先，要使用经过消毒的卫生巾或卫生棉条。市面上销售的卫生用品一般都是经过消毒的，如果厂家产品质量合格，在保质期内卫生用品是无菌的，购买的时候需要注意一下生产日期。要随时更换卫生巾，以免集聚的血垢刺激阴部皮肤引起炎症、细菌繁殖造成子宫的细菌感染。在月经期间外出时要随身携带一到两片卫生巾备用，但不要随意塞在书包里以防污染。另外随着月经周期的逐渐规律，应该逐渐习惯记住自己每次月经来临的日期，并了解自己每次月经周期的间隔和行经的天数。这样你就可以大致估计出下次月经来的日期，提前做好准备，避免月经忽然光临时措手不及的尴尬。

其次要保证阴部的清洁。在月经期间，外阴部及周围如果不干净的话，最容易成为细菌生长繁殖的场所。因此每天都要用干净的温水冲洗外阴，洗的时候要从前面浇洗，不要从后向前洗，以免将肛门附近的污物或细菌带到阴道口。如果有条件洗淋浴，效果更好。只是最好不要在浴盆内洗澡，也不要游泳，以防水里的污物进入阴道引起感染。

其他还有一些注意事项。保暖：下半身受凉会降低身体抵抗力，导致伤风感冒，可能引起月经过少甚至行经忽然中止。因此，下河趟水、淋雨、用凉水洗头、洗脸，以及坐凉地、洗冷水澡都应尽量避免，注意手、脚和臀部保暖，同时还要注意在月经期间不要吃冷饮，即使是夏天也一样。

避免剧烈运动。因为剧烈运动或重体力劳动会促使下身血液流动过多过快，加重盆腔内脏的充血。轻者容易造成经血过多，经期延长，体质虚弱；重的会留下生殖系统的病根，影响终身。因此，上体育课有剧烈运动或参加体育比赛时，来月经的女孩应该向老师请假，不要逞能，也不要难为情。无论老师是男是女，他们都会理解你的。有的女孩说，老师明明知道我来月经还要让我上体育课是怎么回事？这要看体育课的内容了，如果运动不剧烈，老师的做法是对的，因为月经期间轻度的体育活动可以促进血液循环，缓解经期的腰酸、腹胀甚至痛经。

适当饮食和充足的睡眠也很重要。月经期间，盆腔器官和胃肠道都有充血现象，所以有的女孩会有轻度消化不良、恶心、腹泻及便秘等症状。因此，最好不要吃或少吃大蒜、辣椒、浓茶及烈性酒等刺激性食物。因为便秘会加重盆腔充血和痛经，所以容易便秘的女孩最好多吃些蔬菜、水果，以促进排便通畅。另外，保持卧具的干燥、暖和，空气新鲜，睡前用温水洗脸、洗脚也会帮助你更好地进入梦乡。

不过话说回来，月经毕竟不是病，过于敏感或过于害怕反而会加重月经期间的身心不适。只要注意经期卫生，适当调节情绪，适当休息，月经就不会影响正常生活。

8. 如何预防肝炎？

肝是身体的重要器官之一，肩负着合成、分解、调节、储藏等多种职责。肝像一个人体内的小型化工厂，可以制造出糖原，供给人体热量，还能加工蛋白质等人体所必需的营养物质。肝还有一个重要功能，就是可以把人吃进去的有毒物质过滤出来，使人免受毒害。但肝炎常常威胁着肝脏使它无法正常执行任务。

肝炎是由肝炎病毒引起的一种常见的传染病。目前世界上公认的肝炎有5种，除了我们比较熟悉的甲肝、乙肝外，还有丙肝、丁肝和戊肝。其中甲肝一般在发病后3～5个月内痊愈，不发展成慢性肝炎，而其他几种类型的肝炎如果在发病 6 个月内不能痊愈，就转为慢性肝炎。慢性肝炎会反复发作，还可能导致肝硬化甚至肝癌，引起肝脏衰竭而致人死亡。肝炎的治疗比较麻烦，但我们只要注意卫生和自我防护，还是可以远离肝炎的。

首先要提高警惕，尤其是在肝炎流行的季节或地区，或者是家里有急性肝炎病人的时候。虽然肝炎是通过体液传染的，甚至你吞食肝炎病菌都没有问题，但是你几乎不能保证你的口腔黏膜、食道、胃、肠等的内壁都没有一点破损，只要有一个很小的裂口就足以让病菌侵入了。所以要注意饮食卫生，不要用肝炎病人的餐具，洗漱用具也最好不要用。

其次了解一下肝炎病症的特点，以便及时发现、及时治疗，这样也有利于尽快恢复健康。少数人在肝炎发病以前有类似“感冒”的症状，无缘无故地觉得精神疲倦，两膝酸软；突然出现怕油腻、恶心、腹胀、腹泻等消化道症状；皮肤、小便发黄，小便呈浓茶色；全身皮肤表面可见四周有脚（红丝）的红点，用带尖的东西轻轻按压红点中心时，四周的红丝可消失，停止按压后红丝又复出；下肢明显水肿，甚至全身浮肿；腹部鼓起，腹壁上青筋暴露明显；手掌呈金黄色，或整个掌面有暗红色或紫色斑点。这些都是肝炎可能出现的症状，虽然不一定所有这些都同时出现，但还是要提高警惕，以免延误治疗的时机。

下面具体看一下各种肝炎的预防。

● 甲肝的预防。甲肝的病人一般在出现黄疸 20 天后就没有传染性了。甲肝的预防首先是隔离传染期的病人，用具分开；改善居住、用水的卫生设施；做好食具消毒；严防食用水被粪便污染（用漂白粉可消毒）。注意个人卫生，养成饭前便后洗手、自带餐具的习惯；不吃不卫生的生食物。接触病人前或感染后 2 周内注射甲肝免疫球蛋白可有80％～90％的预防效果。

● 乙肝的预防。目前对乙肝最主要的预防措施是实行乙肝疫苗接种。一般成人和儿童在化验乙肝病毒标志物均为阴性后，就可以打三针疫苗，以后每 3～5 年再加强一针以防抗体消失而无保护作用，可持续几年或几十年。

乙肝主要有以下三大传播途径：①经血液传播：约50%乙肝是明显经血液传播的，包括输血、针头、针灸等医疗相关行为及文身、文眉、穿耳眼、做双眼皮、刮面等美容相关行为，其中不安全注射是报道较多的感染方式。②母婴传播：指携带乙肝病毒的母亲在怀孕期、分娩期、哺乳期将乙肝病毒传播给婴儿的一种方式。③性接触传播：男女可通过性生活传播乙肝病毒。此外，还可通过密切接触传播，前提是有皮肤黏膜的破损，一般经水、食物是不会传播的。

● 丙肝的预防。丙肝病毒感染的主要来源是输血和应用血液制品，故对其预防主要是加强对献血人员的丙肝病毒检测，严格筛选。

● 丁肝的预防。已肯定乙肝疫苗不但可预防乙肝病毒的感染，对乙肝病毒免疫者也不再感染丁肝病毒，故乙肝疫苗可预防丁肝病毒感染。预防乙肝病毒传播的措施也适用于丁肝病毒。

● 戊肝的预防。其预防措施和甲肝同。由于目前还没有免疫预防方法，在流行区实施避孕可降低戊型肝炎的发病率和病死率。

只要做好预防，就可以远离肝炎了。

9. 且行且珍惜

——艾滋病

“艾滋病”现在已经不是一个新鲜名词。自从 1981 年美国报告了首例艾滋病病例以来，目前艾滋病已经波及五大洲 200 多个国家和地区。由于它传播迅速，而且至今没有特效药可以完全治愈，引起了世界上很多人的恐惧和担忧，每年的 12 月 1 日已经被定为艾滋病日，足见人们对这一问题的重视。虽然艾滋病确实很可怕，但我们只要对它多一些了解，形成正确的认识，还是可以远离艾滋病的。

我们先来看看艾滋病毒（HIV）有什么独特之处。首先，它专门杀害人体内的免疫细胞，所以艾滋病毒又叫获得性免疫缺陷病毒，它这一招就像是釜底抽薪。因为免疫细胞是对侵入人体的病菌起监视、围剿和调动全身淋巴组织提高机体抵抗力作用的，是维护我们身体健康的中坚力量。艾滋病毒把他们成批成批地杀掉，人体的防御系统也就土崩瓦解，不能抵抗入侵病菌，人就会百病丛生了。其次，它的隐蔽方式很巧妙，很难被人体防卫系统发现。它依靠自己的独特结构，先钻进正常免疫细胞，把它破坏掉，而对这种细胞表面的一些特殊识别标志却保留着，所以各种药物要么对它不起作用，要么就连同正常免疫细胞一起杀死。与此同时，它直接参与该免疫细胞的合成和复制工作，因此新生产出来的“免疫细胞”实际上已经不起任何免疫作用反而成了艾滋病的帮凶。最后它还是一种非常阴险的病毒，那就是它可以潜伏在人体内长达七八年，表面上什么症状都没有，自己却在体内大量繁殖。当它繁殖到一定时间，体内免疫细胞开始大量死亡时，人就会得很多奇奇怪怪的病。如果在免疫细胞正常工作的情况下，人们是不会得这些病的，正因为没有了免疫细胞的保护，很多不致病的生物因子这时候也会引起感染，很多艾滋病人最后都是在多种这样的病原体的集体进攻下离开人世的。

我们再来看看艾滋病的传播途径。艾滋病毒存在于血液、精液、乳汁、唾液、尿液、眼泪等体液中，这就引起了很多人的误解，以为日常的接触，像握手、拥抱、接吻、共餐、共泳、共床单等都会引起感染，实际上这些行为都是安全的。因为唾液、眼泪中的艾滋病毒比血液、精液中的浓度要低很多，再加上我们自身的皮肤、黏膜等也是一个天然屏障，所以对艾滋病人不用避而远之，像正常人一样对待就可以了。由于艾滋病毒主要是通过精液和血液传播，传播途径也就可以预料了。比如和感染者有亲密的性接触，使用了被感染的血液和血制品，使用被污染的注射器和其他医疗器械（吸毒者中感染艾滋病的几乎都是由于共用注射器感染的），受感染的母亲传给婴儿，还有就是接受被感染者的器官、组织或精液等。

对于年轻女孩来说，除了上面说的这些途径，还有很多细小的地方需要注意。比如，有的女孩喜欢文身，这个过程不可能不出血，破裂的血管正是艾滋病入侵的好场所。还有的女孩喜欢在街边随便找个地方扎耳朵眼，有的不小心碰伤出血后用不干净的布包扎。凡是处理这些和出血有关的情况时，脑子里最好有一个预防艾滋病的概念，养成良好的卫生习惯就可以将艾滋病拒之体外了。

10. 征服

——谈谈吸毒

毒品是指鸦片、海洛因、吗啡、大麻、可卡因等能够使人上瘾的麻醉药品和精神药品。目前，世界上这类药品已经有200多种了，无论是哪一种，都会使人体免疫力下降，血红蛋白减少，各种生理功能遭到严重破坏。毒品被吸食或注射到人体后，会破坏人体的消化系统，使消化系统功能失调；破坏人的内分泌系统，使人反应迟钝，神经衰弱、失眠；破坏人的生殖系统功能，导致畸胎、死胎、流产等。吸毒者一般在长期吸毒后8～12年死亡，平均死亡率高于正常人群的15倍。吸食海洛因的人平均寿命一般在30岁左右。广西卫生部门曾对150名吸毒青少年做了一项调查，结果是其中45%以上患有肝炎，25%以上患有性病。有确凿的资料表明，静脉注射毒品是艾滋病在我国产生和传播的主要渠道。而且毒品所引起的危害绝不仅仅是身体本身，由吸毒引发的各种堕落犯罪问题屡见不鲜。因为毒品十分昂贵，一旦开始吸毒就等于是掉进了一个要用钱来填的无底洞。一般人都承受不了这样的负担，而吸毒者犯毒瘾的时候，什么人性、道德都被扔到了脑后，为了凑一次毒品的钱什么事都能做出来。说毒品是严重损伤人体、毁灭生命的“白色恶魔”一点都不过分。

毒品虽然昂贵，但是制作毒品却并不需要很大的成本，这其中有巨大的利润，所以才会有那么多人为了暴利铤而走险去贩毒。由于人们对毒品的认识越来越清楚，他们就把目光转向了还没有成年的少男少女。但通常他们的手段也就是下面这几种：①初吸“免费”。所谓的免费不过是贩毒分子引诱男孩女孩吸毒的第一步，他们尤其喜欢和那些不喜欢上学，经常逃课的学生套近乎，引诱他们吸毒。有些学生心想反正是免费的，试试也无妨。但是，等你上瘾之后他们就马上换了一副嘴脸，再没有免费之说了。②吸毒“好处多”。贩毒分子自己一般都知道吸毒的危害，所以他们自己很少有吸毒的，但是为了挣钱，他们大肆宣称吸毒好处多。比如，吸毒可以忘记一切烦恼，可以提神，可以治病，还可以减肥，这通常很让女孩动心，尤其是当他们把毒品包装得像普通药丸一样的时候，女孩就容易放松警惕，相信这些骗人的鬼话。③贩毒分子还会宣称吸毒是当前的时尚，是显示身份和成熟的形式，也会有一些不明真相的少女被这些鬼话拉下水。

另外，年轻女孩最好提高警惕，不要误交损友。通常，吸毒者的朋友也是吸毒者，因为年轻人很容易互相感染，尤其是在遇到挫折困难的时候。有些女孩认为吸一两次不会上瘾，却往往造成无法挽回的恶果，如果仅仅是因为好奇心而葬送了自己就太不值得了。

小广播

几种常见的毒品

可卡因：是从生长在南美的一种植物中提炼出的生物碱，白色粉末状。

吸毒者大多吸食，也可以注射。它是一种可以使吸毒者产生精力更充沛、幸福、能干、战无不胜等幻觉的毒品，和兴奋剂相似，可以提高体能和行动欲望，使人陷入高度兴奋之中。但是可卡因极易使人上瘾，因为每一次的高潮兴奋之后，就坠入深谷，感觉异常疲惫、麻木、伤感。除此之外，服用可卡因还会使人产生强烈的暴力欲，行为异常，和家人关系紧张，社会交往活动也会遭到破坏。它还会造成使用者失眠、持续性神经质、食欲不振，长期服用可导致精神颓废，有受迫害感和强烈的恐惧感，甚至可能造成心脏病突发、呼吸衰竭而死亡。

海洛因：是最著名的使用最广泛的含鸦片药物，大多通过静脉注射，也可吸食。它是从未成熟的罂粟果汁中提炼出来的，和鸦片、吗啡同类。罂粟花开的时候非常美丽，颜色十分鲜艳。花朵凋谢之后，就会结出罂粟果。罂粟果中白色的浆液就是制造毒品的原料。直接用它做成的东西就是鸦片。从鸦片中可以提取出一种生物碱，就是吗啡。用吗啡进行进一步的加工、提炼，就能得到一种新物质，叫盐酸二乙酰吗啡，也就是海洛因。它是对鸦片进行了两次提炼的结果，所以毒性比鸦片强得多，吸食海洛因上瘾后想戒掉也就更难。刚开始吸食海洛因的时候会出现兴奋感，自信心高涨，药效消失后，随之而来的就是强烈的过敏反应和暴力欲。他们大多失去对正常生活的兴趣，大多变成病态的利己狂。长期吸食海洛因者，智力下降，脑损伤，体重减轻直至身体萎缩；超量使用会使血压降低，心脏跳动减慢，造成昏迷、昏睡而死亡。

吗啡：吗啡可以从鸦片中分离出来，也可以直接从罂粟茎中获得，一般被制成粉末状或砖块状。吸食吗啡时可以品出强烈的香甜味。吗啡具有镇痛作用，还有镇咳、抑制肠蠕动的作用。它比鸦片更容易让人上瘾，易产生耐药性（即吸毒者对同一药品能耐受更大的剂量）。吗啡成瘾者可在两个半小时内静脉注射剂量高达 52 克。过量则引起中毒，表现为昏迷、呼吸深度抑制、瞳孔极度缩小、低血压等，而呼吸麻痹是死亡的原因。

11. 天黑黑

——少女怀孕

青春期的女孩身体发育一般都还没有成熟，子宫、卵巢、阴道和其他附属性器官的发育都还比较幼稚，所以怀孕的危险比成年女性要大得多。以妊娠高血压、流产、难产等病症为例，12～15 岁和 16～19 岁孕妇的发生率是 20～24 岁孕妇的 3.3 倍和 2.1 倍。在这两个年龄段中，因过早怀孕而直接引起的孕妇死亡率也比 20～24 岁阶段高 1.1 到 1.4 倍，常见的死因是宫外孕、产后大出血等。

有的女孩说："怀孕也不是犯法，打掉就没事了。"这话说起来很轻松，却不知道流产和引产对自己身体的危害有多大。通常这两种手术对成年女性是安全的，但少女由于发育不成熟会发生很多意想不到的后果。如有时会发生吸宫不全，也就是部分胚胎及其他组织还残留在子宫腔内，造成手术后阴道流血不止。有的女孩不懂避孕的知识，怀孕了也不知道或者因为害怕、害羞而一再耽误时间，最后不得不做中期引产。这个时候胎儿已经成形，不仅增加了手术的痛苦，也使发生子宫撕裂等并发症的机会增多。还有的女孩不敢去正规医院做手术，而相信一些非法行医者的谎言欺骗，在没有医疗保障的情况下堕胎，常常造成灾难性的后果，如丧失生育能力，有时甚至出现生命危险。

由于少女大多没有生产保健的知识，也羞于向大人请教这方面的问题，有些女孩在手术以前就已经有生殖器官的炎症。流产、引产的手术又进一步引起子宫内膜炎、阴道炎等。而且这些女孩手术后往往不敢放心休息，躲躲闪闪怕别人知道，使治疗不彻底，有的就转变成慢性炎症。还有的在将来再怀孕时容易出现各种问题，甚至也会引起不育。

既然流产这么危险，把孩子生下来是不是好一些呢？其实也不是这样的。这对于孩子来说是不幸的。首先，由于少女的生理原因，能不能生下一个正常孩子就是一个未知数，而这是一个很严峻的问题，绝不是一个未成年少女可以负担得了的。其次，这样的孩子在胎儿期大多得不到应有的丰富营养和父母亲心理情感上的精心培养，所以出现体重轻、先天畸形、智力低下的概率会比较高。不仅如此，他们在别人眼里是私生子，是没有爸爸的孩子，容易受到别人的歧视和欺负，给他们幼小的心灵带来压力。

如果说怀孕对身体健康方面的打击不一定发生在所有女孩身上的话，那么对她们的心理和情感上的冲击则没有人能避免，而且这种打击往往更严重，持续时间也更长。比如，相当大一部分女孩会有一种“失足”的感觉，情绪变得消沉和抑郁，为自己的一时冲动或意志不坚定而追悔莫及。有的女孩得不到亲人、朋友的谅解，则干脆破罐子破摔、自暴自弃了。

小广播

16岁少女妈妈的自述

我和他是2005年认识的，他比我大四岁，我们交往不到两个月，我们就发生了关系。那时我觉得他挺好的，说话时很温柔，很关心我，很体贴我，所以就想和他发生关系，反正迟早也是他的人。

一个月后，我发现自己怀孕了。我把这个消息告诉他，他听了很高兴，马上就给他爸妈打了电话，他爸妈听了很高兴。而我因为害怕，而不敢把这件事告诉我爸妈。后来，他和他的外婆提着东西来到我家，对我爸妈说：他想和我在一起。开始，我爸妈不同意，说我年纪还小，怕我上当受骗，在我的坚持下，他们才勉强同意了。

在2006年的大年初一，我生下个儿子。因为有乙肝不能喂奶给我儿子吃，他妈妈因此把我当瘟神似的，经常过来看宝宝而不理我。幸好这段时间有我妈妈照顾我，不然我肯定会疯掉。

之后我打算回家抓药治乙肝，但他父母不让，并且说要走就把孩子一起带走，为这事他还当着我妈妈的面打了我一耳光，我当时气得永远都不想再见到他们，在家我爸妈都舍不得骂我，更别说打我。我当时很想回家，他却突然连续向我道歉，不让我走，那时我也是为刚满月的儿子就原谅他了。

2007年，我们开了一个手机店，但他不让我管钱。后来，他妈什么都管我，包括我打电话、穿衣服等等，我感觉继续待在家里实在没意思，我就去昆明的姐姐家住了几天。他打电话给我叫我自己回去，我没理他。当晚打算买票回家，但已经12点多，买不到票了。我就找附近的一个网吧准备过一夜，而他当时也在网上，我对他说我要走了，他就说要到我这里来，说很担心我，我没告诉他地址，但他还是找到我了，我跟他回了家。

回家后，我被安排看店，帮他做家务，手上也没有钱！我也想过离开这个家，自己赚钱养自己，可我还未成年，别人不招我。现在我感觉以前我们在一起，不是因为他爱我，而是由于我怀孕了。现在我真的不知道如何继续以后的生活……

来源：青春期网（蒙特）

六

透视青春心理

1. 我是谁?

——自我意识

进入初中的女孩可能越来越多地在镜子前流连，比以往任何时候都更关注自己的形象。心中可能还常常有这样的疑问：“我到底是个什么样的人?”“我的特征是什么?”“别人喜欢我还是讨厌我?”

这就是自我意识在迅速发展的缘故。所谓自我意识就是指对自己的感觉，大概在 1 岁到 3 岁的时候，小孩会用“我”这个词来代表自己了，就标志着他们已经开始有自我意识了。在接下来的岁月里自我意识一直平缓地发展着，而青春期是一个自我意识高度发展的时期。主要还是因为青春期生理上的变化太快，使人容易有一种迷惑的感觉，就自觉不自觉地把自己的思想从身外的事中抽回很大一部分指向了自己的内心世界。这时候就会有一系列关于“我”的问题萦绕在心中。这种倾向在作文和日记中都可以观察到，比如，同样是以“我看到了什么”为内容写的作文，小学生是纯粹地描述外在事物的景象，而中学生虽然也会对外界事物进行描述，但在这种描述中就带有了十分浓重的个人情感，在作文中更加突出了个人的爱好、烦恼和憧憬等。

再比如，同样是写日记，小学生的日记主要是描写当天发生的事情以及自己对此肤浅的认识，而且记日记的态度也不自觉，经常是在老师和家长的强迫之下去完成的，他们对于日记的保密程度也一般没有过高要求，有时候甚至要主动给别人看。日本心理学家的调查表明，初中生的日记发生了明显的变化：首先是日记内容，初中生的日记更侧重于自我观察、自我反省、自我批评以及自我期望等。其次他们的态度也是自觉自愿的，真正出于表达思想及宣泄情绪的内心需要。再次他们开始将日记作为自己的绝对秘密，细心保管，不许别人翻看。这种变化表明初中生的内心世界逐渐丰富，经常沉浸在关于“我”的思考和感受中。也恰恰是这一点，导致了他们个性上的极端性。

这种极端性表现为：一方面总是认为自己正确，听不进别人的意见；另一方面又感到别人似乎总是用尖刻挑剔的态度对待自己。因此，当别人低声讲话的时候，就断定是在议论自己；看到别人面露微笑时，就以为是在嘲笑自己；如果哪个老师多看了自己一眼，就以为是自己做错了什么……总之，就是觉得周围人时时刻刻都在评论自己，这种想法就容易使自己感到压抑、孤独和神经过敏。

这种高涨的自我意识使得个性出现了暂时的不平衡，情绪容易波动。虽然到了高中的时候随着年龄的增长个性会变得成熟起来，但是如果意识到了这一点，在遇到事情的时候有意识地控制一下自己，会让青春期过得更加没有遗憾。

2. 你喜欢自己吗？

我上大学时，宿舍有个同学叫慧，长得娇小玲珑，十分可爱，人也很聪明。但她不太喜欢跟我们待在一起，每天都是独进独出。渐渐地，我们也习惯了她的清高。

有一天晚上，我们宿舍又开始了兴致勃勃的卧谈，聊起了减肥。小朱问："如果你们将来变得特别胖了，会怎么办？"

"我还是像现在一样过，胖也是福气。"

"我保证一星期只吃蔬菜水果，立刻把它减下去。"

"我要是这么胖，就去自杀！"

一时间大家好像都变成了大胖子，都争着发言。“我恨自己!”从不参加卧谈的慧忽然没头没脑地冒出这么一句来。我们一下都不说话了，不知道在我们心目中那么完美的她怎么会有这么古怪的念头。

过了一会儿，慧给我们讲了她高中时的经历。她原来是一个特别活泼的女孩，学习成绩在班里拔尖，并且能歌善舞，画也画得很好。有一天上课铃响了，她急匆匆地跑进教室，这时同学们哄堂大笑起来。她不知道是怎么回事，又不好意思问别人，结果一节课都没好好听，老在想同学们刚才笑她的事情，甚至有一个声音在耳边说：“他们嘲笑我!”

随后就是紧张的复习备考阶段，学校放假让学生自己在家复习功课。慧每天把自己关在屋子里，父母都以为她在拼命复习，其实她根本看不进书，只是觉得自己很讨厌。后来高考结束了，她考进了大学。可是她丝毫不认为这是自己的能力和勤奋的结果，反而觉得自己只是侥幸捡了个便宜，也不相信自己身上有什么可爱的地方。她自卑，却又怕别人看出来，只好把自己紧紧地包起来。

原来是这样！我们又沉默了，谁也没想到我们羡慕的慧竟是这样自卑。于是我给慧讲了不久前碰到的一件事。那天我到广播学院去找一个同学，她正好出去了，她们宿舍的一个女孩热情地留我等她。这个女孩长得没什么特别的地方，但脸上灿烂的笑容却深深地感染了我，让我觉得特别亲切。等人的时候，时间过得特别慢，那个女孩见我无聊，就抱起吉他说：“我们唱歌吧。”于是，我们从《心太软》唱到《星语心愿》，她唱得很吸引人，我不由得仔细打量起她来。忽然我看见她手腕上那个木制的手镯很别致，于是探身向前想仔细看一下。这时她停止了拨弦，伸出那只戴手镯的手，笑着说：“看这个小精灵是不是特可爱?”

我这才发现原来她有六个手指。她肯定以为我在看她的六指，我的脸一下子热了，觉得挺尴尬的，说话都结巴起来：“我是，我是……”可她却一点都不在意，还是笑眯眯地对我说：“我特别喜欢它，你看它多灵活。”真是这样的，她的第六个指头的指甲盖涂上了玫瑰色的指甲油，很有灵气的样子。这下我不仅是被感染，简直是被吸引了。在我们看来是怪物的六指，她却欣然接受。这个人真是太有魅力了。

慧听了我的故事没有说话，不知道是不是睡着了。

但在那以后的日子里，我们发现慧渐渐变了，她不再冷冰冰地拒人于千里之外了，也变得爱哭爱笑爱闹了，晚上有时候也兴致勃勃地加入我们的卧谈。她过生日的那天给自己买了一条特别鲜艳的红裙子，还一本正经地对我们说："现在流行穿红裙子，穿上它感觉真好！"

是啊，感觉真好！当你对自己这么说的时候，心里一定觉得很愉快吧。每个人都不可能十全十美，有优点也有缺点，但是如果一味盯着缺点看，总是挑自己的错，就没法采取正面的行动来改正自己缺点完善自己，只会越来越自暴自弃。

讲给少女听的**故事**

你可以不美丽，但一定要有才

那是我坐公共汽车去博物馆的路上，我旁边坐着母女二人，听说话知道那位女孩在读高中，她对妈妈抱怨自己长得不漂亮，身体不够修长，皮肤不够白皙。她说女孩如果不漂亮，将来就不会找到好的工作，自己这样，将来会有好的运气吗？她说现在"人造美女"很多，只要花钱整容做个好脸蛋，将来找个好工作是很容易的。女孩认为漂亮是女人的第一资本，漂亮是女人的通行证，她问妈妈为了将来的发展，愿不愿意花钱把她变成"人造美女"。

母亲听了女孩的话以后，说出了一句话，使我开始专心听她说话。她对女儿说："你可以不美丽，但一定要有才！"这句话出语不凡，让我把目光投向这位母亲，听她继续说下去。母亲继续对女儿说："现在是竞争的社会，无论你是谁，首先要有立足之本，这不只是凭脸蛋漂亮就能行得通的。即使当演员，如果没有好的演技，只靠一张漂亮脸蛋也不能长久。妈妈不会把你变成人造美女，妈妈只想告诉你，你一定要靠真才实学来吃饭。你可以不美丽，没人笑话你，但你如果没有才华，无法立足于这个社会，才会真正被人看不起。不要想靠取巧来取得成功，无论在什么时候，假的东西永远不可能取代真的东西，只有你的知识、你的才华才能被社会认可。妈妈希望你成为一个有才华的人，而不是靠女人的外表取悦他人来生存。我女儿不笨，我女儿也不傻，将来要靠自己的头脑智慧来吃饭。你现在要肯吃苦，学本事才行。知识就是力量，只有知识才能改变命运。女儿，你要记住妈妈的话，不要贪图虚荣，你可以不美丽，但一定要有才……”

女儿专注地听着她母亲的话，深深地点头。此时我也听得很入神，这是我第一次在车上听到一位母亲教育她的女儿，我也牢牢地记住了那位母亲最经典的一句话：“你可以不美丽，但一定要有才！”

来源：《广州日报》（李剑红）

3. 少女的心，秋天的云

——多变的情绪

“我有时候觉得自己是世界上最快乐的女孩，有时候又愁容满面，情绪低落，有着与年龄不相仿的忧虑。这样的情绪会不会影响学习？情绪不好的时候我该怎么办呢？”在一次针对少女的讲座中，一个初二的学生给老师递了一张这样的纸条。

其实这种感受很多青春期的女孩都有，她们可以为了一件小事高兴得大喊大叫，不管旁边有没有人；同样也会因为一件小事黯然神伤，甚至潸然泪下，特别多愁善感。可以说，情绪强烈和不稳定是青春期少男少女普遍存在的现象，而女孩因为发育早和生理上的周期性变化，似乎情绪波动更经常、更突出一些。这种现象不仅令少女对自己产生某种担忧，以为自己心理上有问题，也常常让大人觉得莫名其妙："怎么好好的忽然就不高兴了，发什么神经？"

究竟情绪是什么？心理学家詹姆斯说："情绪就像空气一样包围着我们。无论我们做什么、学什么、想什么，都伴随着情绪。情绪有时狂暴得能冲走一切，有时却很微妙，我们几乎觉察不出它的存在。"它是从哪儿来的呢？有个词叫"触景生情"，也就是说情绪常常是受了外界的刺激产生的。比如，有的女孩买了一条非常漂亮的裙子，心里会很高兴，又比如，考试成绩不理想，就会觉得沮丧，而无缘无故受了别人的气自然会觉得愤怒。这些情绪都是因为外界的事件产生的。但是，我们也会发现，对待同一件事不同的人也可能有不同的情绪，比如同样是不及格，你可能灰心丧气，他可能就满不在乎。所以，情绪还和人的成熟程度和对事物的看法有关。自卑的人常常因为别人一句不经意的话而忐忑不安，自信的人却能泰然处之。

在成年人的眼里，青春期女孩的情绪显得特别强烈和不稳定，她们常常喜怒形于色，变化无常。但这既不是有病也不是发神经，而是青春期的心理特点。在发育过程中的女孩，大脑的神经机制还不够健全，调节能力比较差。同时，身体的发育，特别是性方面的发育和成熟，使她们集聚了不少能量，容易过度兴奋，从而造成心理上的不平衡，引起情绪上的波动。女孩的发育比男孩早，在十二三岁的时候就要经历身体和心理的急剧变化，而很多女孩对此根本就还没有准备，所以就变得敏感和脆弱，格外关心自己的内心，也就格外容易产生心理上的紊乱，情绪上的不稳定。有些女孩发现容貌或体形上有某些不如意的地方，就对别人的评价特别敏感，常常为别人一句不经意的话伤心好半天。很多研究还表明，在月经前的三四天，女性容易情绪低落，出现忧郁、焦虑、烦躁不安、爱发怒和不自信等消极情绪。但究竟是体内激素水平的变化引出了这些消极情绪，还是这些消极情绪引起了体内激素水平的变化？目前还没有定论。

4. 同桌的他

——少女朦胧的感情

有个女孩在给朋友的信里写道："我有个难题，使我无法把注意力放在学习上。这就是关于我的同班同学。他很害羞，除非女孩子先跟他说话，否则从不跟女孩子交谈。随着时间的推移，我发现我对他的迷恋不断增加。我有时想，这就是我感觉到的爱情。每当我们在教室时，我经常看他，有一次我意外地发现他也在看我。我晚上常常睡不着，总是在想他。我经常打电话跟他聊天，他非常友好，似乎对打电话跟我聊天很感兴趣。可是当我们在班里，我靠近他问他事情时，他并不那么友好，他的回答很简短。我最要好的朋友不断告诉我停止与他通话，因为他会认为我在追求他。她还说，我应到此为止，让他先提出和我联系。但是，我就是不能遵守她的忠告，因为我真的对他着了迷。因为他太胆怯不敢首先提出，你不认为我应当这样去做吗?”

虽然青春期的女孩对异性的爱慕并非真正的爱情，但许多深陷其中的中学生却声称他们觉得自己在爱或被爱，而且有这种感觉的中学生还不在少数。为什么会有这种感觉呢？让我们拨开这层迷雾来看一看。

(1) 区分不清各种情感的差异

成年人一般能感受到同伴、好友、爱情以及单纯的性吸引之间的界限，虽然有时候也会产生迷惑，但一般还是可以理智地加以区分的。但青春期的女孩们往往分不清友谊、异性吸引力、好感和爱情，而且因为脑子里又有很多对于爱情的浪漫幻想，所以有时候把对异性的好感或友情当成了爱情。

(2) 从众心理

所谓从众就是迫于外界压力，为了适应团体的意愿而自愿放弃自己的信念以符合大多数人行为的一种行为。例如，问到有些女孩为什么谈朋友的时候她们说：“大家都在谈朋友，我要是不找一个的话就显得我特别没本事，会被人瞧不起。”这可能也代表了一部分女孩谈朋友的心理。同时，女孩们彼此之间也有比较强的竞争心理和表现欲，当周围有一个或几个女孩谈了朋友以后可能会让自己产生一点羡慕和嫉妒的感觉：她有什么好的，我也不比她差，她能找男朋友我也能找。有一些女孩就是在这种思想下开始寻找合适的对象的，那么这种情况算不上是恋爱，只能说是交了一个比较固定的异性朋友，以证明自己的能力和价值。

(3) 逆反心理

女孩跟男孩的正常交往常常会受到老师和家长的误解和阻挠，这就更刺激了一些女孩与异性交往的欲望。同时，为了不被老师家长发现，往往采取地下交往方式，反而更加有了谈恋爱的感觉。当这种行为被老师、家长发现后受到严厉指责也使逆反心理更加强烈，不但不停止这种交往，关系反而更加密切。

（4）爱情错觉

青春期的少男少女在初次跟异性亲密交往时往往会体验到一种梦幻般的甜蜜、兴奋的感觉，这是初次亲近异性的正常心理反应，但有些中学生把它当成了爱的表现。这种爱情错觉特别容易出现在女孩身上，因为女孩的性发育早于男孩，在真正接触异性之前脑海里已经有了许多爱的幻想，所以更容易把情窦初开时对异性的好感当成恋爱。

（5）尝试心理

正处于性生理和性心理发育中的少男少女对于两性之间的关系有很多一知半解的地方，有的女孩出于好奇，想知道两性之爱到底是什么感觉，就尝试跟异性谈恋爱。

（6）暗示心理

有的女孩跟某个男生交往较多，刚开始的时候并没有想到是谈恋爱。但家长、老师批评她早恋，同学们背后也在议论两个人的关系，这就给了她一种暗示：自己是在谈恋爱。

有的女孩说我谈恋爱不是上述原因，只是因为喜欢那个人。但由于这个年龄要为将来打基础，要学习很多东西，所以和男生的关系还是以不影响学习为主，而且也应该有这种想法：“两情若是长久时，又岂在朝朝暮暮”。过早品尝的果实很少有熟了的。

5. 有一点动心

——忘年恋

“也许是他聪慧的眼睛，也许是他那悠扬的提琴声，或者是他的经历和成熟，当时我说不清是什么，只知道17岁，我第一次朦胧地学会了‘感情’两个字。

我特别希望他的课每天都有，希望他的目光在我桌前停留。记得有一天晚上，我们女生宿舍起哄，被值班老师告到他那儿，他来到我们宿舍门口，敲门要我这个宿舍长出来。门外，月光如水，花香如云，第一次我和他近在咫尺，心在不停地跳。可是听着他那冰冷的声音，我哭了，为自己那苦抑的‘恋’。他一下柔和了很多，说了几句安慰的话，要我去休息，便回身走了。

我真想请他留下，对他表白，但没有。他是参天的树，我只是一株小苗，只能仰望他的高大。

又一个晚上，好多同学感冒了，他带我们去医院。其他同学说着笑着和他走在一起，我却默默地跟在他的身后。看着路灯下他长长的身影，我暗下决心，要在将来的一天，带着丰富的知识和成熟走在他的身边，那时我们将不再有差距。

可偏偏我的学习成绩不断下降。为了转移情绪，我把业余时间全扑在功课、图书室里。不久成绩有了大回升。他表扬我，可他哪知道我的用心呢？

后来他调走了，去了一个很远的地方。我却一连几年此心未改。现在我已步入社会很久。我要说无论当初的感情怎样，都是客观的存在。它像一首朦胧的小诗，好的是，我能在朦胧中清醒。”

看完上面这个故事，你可能也会为这个女孩的痴情而感动，甚至可能有过相似的感受。这种情况往往被称为“牛犊恋”，反映的是中学生和成年人进行的异性情感交往，比较多地体现在和老师的关系上，那我们就来分析一下。

首先，这个老师对女孩来说是有吸引力的：年轻，有给异性女孩带来好印象的相貌特征，有思想，有性格。概括起来就是两个字：成熟。这些都是同龄男孩很少具备的，所以容易引起女孩的注意。其次，女孩这个时候正处于性心理萌发和逐步成熟的阶段，感情上的观察和心理感受比较细腻，内心世界丰富，会对成年异性有较强的依附和向往态度。这类女孩心中的“白马王子”除了相貌英俊外，还要很有能力。她们比一般的女孩更崇拜成熟，容易看重、寻求和接纳成熟魅力。所以，一旦理想中的人出现，她们往往不顾现实可能性，会情不自禁地把崇拜转为迷恋，迈进感情天地。

还有其他一些具体因素，比如，一些自我约束比较强的女孩，羞于和男生交往，但和老师接近则没有顾虑。如果老师是年轻异性，就会成为她渴望和异性交往这种情感的宣泄对象。再比如，有的女孩自尊心比较强，老师在一些具体问题的处理上注意尊重、保护和强化她的自尊心，她也会将感激之情当做对老师的“爱”。这类女孩通常是班干部、学习尖子，由于常常有机会和老师接触，也会因为某种偶然的契机触发她们渴望与异性进行情感交流的闸门。

崇拜可以产生好感，这种好感可以发展为两种结果：友谊和爱情。爱情是建立在平等的、同一高度基础上的理解和默契，但女孩的崇拜总是带着仰视的目光，所以很难达到这一境界了。虽然成熟总是由不成熟演变来的，没有亲身经历一些失败就不会有最后的成功，但仍然不能对这些青春路上的陷阱掉以轻心。

6. 女孩笨吗？

肖敏从小就是个出类拔萃的女孩，小学的时候门门功课都是全优。各项比赛，如作文、演讲、跳舞等比赛中也总能获奖。这些都让老师家长倍感欣慰。但是进入中学以后，初一还好，基本上各门功课都能维持在90分，但初二就觉得学习有点吃力了，总成绩就在班上的排名退步了好几位。有一次无意间听见老师在办公室里说："男孩就是有后劲，女孩越学越笨。"她不由得也在心里问自己："难道女孩进了中学就真的不行了吗？"

肖敏的疑问可能代表了很多女孩的心理。细心的女孩会发现小学的时候，成绩好的多半都是女生，可是到了初中，男生就好像忽然醒悟过来，成绩开始好起来，到了高中更是男生的天下了。而且那些有名的哲学家、政治家、军事家、企业家等基本上都是以男性为主。难道女孩真的比男孩笨吗？

对于这个问题，心理学家早就给出了答案，那就是男孩女孩在智商的总分上并没有差异，但智力这个概念包括了很多的内容，如语言能力、运动能力、数学推理能力等。在具体的某些方面男孩女孩就有差异了，比如，女孩的语言能力优于男孩，男孩的空间能力比女孩强。这样也就可以理解为什么小学的时候女孩的成绩比较好了，因为那时候主要是学习语言知识，女孩自然占优势。进入中学以后，增加了数理化这些需要较强推理和空间能力的科目，男孩的优势就显示出来了。

即使女孩在某些方面存在弱势，这也不是天生的，还受其他一些因素的干扰。首先，女孩的青春期比男孩的青春期来得早，这个时候随着生理上的急剧变化，女孩的心理也容易不稳定。以前在小学可以专心上课的女孩现在开始有点心神不宁了，还常常为一些小事分心，一会儿兴高采烈，一会儿忧心忡忡，而且比男生更关注自己的内心世界，变得敏感细腻，容易受伤害。而这个时候也是需要努力学习培养逻辑思维能力的时候，女孩的成绩显然要受影响了。其次，人们总是有一些刻板的观念，认为女孩应该是文静的、端庄的，有些事是不适合女孩做的，不知不觉中就束缚了女孩的手脚，限制了女孩在某些方面的发展。比如，大人总是觉得在社会中女孩比男孩更危险，所以总是限制女孩的行动自由，和男孩相比女孩的活动范围要小很多。而且女孩的活动常常都是由家长、老师精心选择的，是他们认为适合女孩从事的。如果女孩经常参加男孩的活动，就可能会被叫做“疯丫头”，而男孩即使拆掉一辆自行车也会受到夸奖。像科技馆、天文馆一类的地方，虽然没说不许女生去，但来参观的女生却大大少于男生，好像是专门为男生开的了。正是由于这些无形的压力和传统意识，使女孩在很多方面失去了发展的机会，丧失了应有的兴趣，也就不能充分发挥自己的潜力了。

虽然在女孩成长的路上会遇到比男孩多一点的困难，但这不是不能克服的。关键在于每个女孩都要对自己说：“我能行!”有了这句话垫底，就没有办不到的事!

7. 羞答答的玫瑰抬起你的头

——克服自卑心理

窦文涛是凤凰卫视的著名节目主持人，一向以能说会道著称，所以很多人都以为他从小就是那种伶牙俐齿的孩子，实际上却不是这样。他曾在节目中谈到自己小时候口吃的事：一开口别人就笑他，所以一直到上中学的时候都很不爱说话。当时现场的嘉宾都很惊讶。他的改变来自一次学校的演讲比赛。老师特意为他报了名，他推辞不掉，只好认认真真地写了稿子，然后背得滚瓜烂熟。到了比赛那一天，他站到台上，面对着台下黑压压的人群，怎么也开不了口。最后不知道怎么了，灰溜溜地下了台，好像长这么大没有这么丢人过。但从此以后，他就勇敢地开口说话了，并且越说越好，最后成了一个优秀的脱口秀节目主持人。很明显，窦文涛小时候是为他的口吃自卑的，但最后他克服了自卑心理走向成功的经验是值得借鉴的。

可能很多女孩内心对自己的评价都比男孩低，不仅是意志品质方面，也有智力方面，所以进入中学后班上成绩拔尖的女生越来越少。有的女孩很努力，但总看不到显著的效果，于是就对自己产生了怀疑，自卑心理也慢慢膨胀起来。还有的女孩觉得自己的脸蛋没有别人漂亮，身材也没有别的女孩那么好，站在别人面前总觉得自己低人一等，越来越自卑。

自卑是我们认识自己的一个误区。由于自卑，很多事情都不敢去尝试，实际上也就是放弃了很多成长的机会。有些女孩还会因为自卑不敢跟人接触，结果就成了孤家寡人，连朋友都很少，烦恼也越来越多。有的女孩说，道理我也知道，可是真正要行动的时候总是缺乏勇气。那我们不妨来分析一下这背后的原因。

当我们对自己说“我不行”的时候，往往不是先想到自己的能力，而是想到事情失败以后的情形。此时很多女孩都充分展开想象的翅膀，假想出很多栩栩如生的画面，比如，把事情弄砸了以后被老师批评，被同学嘲笑，被别人看不起等。那不妨换一个思路，选一个你心情好的时候，然后去做一件你平时不敢做的事情（当然不是指那些危险的活动），比如，去跟老师说这节课有个地方你没有听懂，事前你就想着：我就是去丢人去了，就是让老师骂我，让大家笑我。把最坏的结果都想到，然后去做这件事，往往会收到意想不到的效果。

补偿自己的不足也是战胜自卑的好办法。你之所以感到自卑，是因为觉得自己不行，那么发现自己有哪方面不行，就在哪方面努力，让自己变得可以胜任你以前不敢做的事情，自卑也会缓解一些。另外，扬长避短也是战胜自卑的好办法。如果你嗓子不好，还偏偏老想着要当歌星，那自然会越想越自卑。但是，如果朝你擅长的方向发展，如文学、体育等，每个人都是只有在从事自己最喜欢和最擅长的工作时才会有极强的自信和动力的。

青春期小测试

信心测试：请仔细阅读下列各题，与自己情况相符的写“是”，情况不符的写“否”。

1. 一旦你下了决心，即使没有人赞同，你仍然会坚持做到底吗？
2. 参加晚宴时，即使很想上洗手间，你也会忍着直到宴会结束吗？
3. 如果店员的服务态度不好，你会告诉他们经理吗？
4. 你不常欣赏自己的照片吗？
5. 别人批评你，你会觉得难过吗？
6. 你很少对人说出你真正的意见吗？
7. 对别人的赞美，你持怀疑的态度吗？
8. 你总是觉得自己比别人差吗？
9. 你对自己的外表满意吗？
10. 你认为自己的能力比别人强吗？
11. 在聚会上，只有你一个人穿得不正式，你会感到不自然吗？
12. 你是个受欢迎的人吗？
13. 你认为自己很有魅力吗？
14. 你有幽默感吗？
15. 你懂得搭配衣服吗？
16. 危急时，你很冷静吗？
17. 你与别人合作无间吗？
18. 你认为自己只是个寻常人吗？
19. 你经常希望自己长得像某某人吗？
20. 你经常羡慕别人的成就吗？
21. 你为了不使别人难过，而放弃自己喜欢做的事吗？

22. 你会为了讨好别人而打扮吗？

23. 你勉强自己做许多不愿意做的事吗？

24. 你会任由他人来支配你的生活吗？

25. 你认为你的优点比缺点多吗？

26. 你经常跟人说抱歉吗？即使在不是你错的情况下。

27. 如果在非故意的情况下伤了别人的心，你会难过吗？

28. 你希望自己具备更多的才能和天赋吗？

29. 你经常听取别人的意见吗？

30. 在聚会上，你经常等别人先跟你打招呼吗？

31. 你每天照镜子超过三次吗？

32. 你的个性很强吗？

33. 你的记性很好吗？

34. 你对异性有吸引力吗？

35. 你懂得理财吗？

36. 买衣服前，你通常先听取别人的意见吗？

说明：

1、2、3、9、10、11、12、13、14、15、16、17、31、32、33、34、35题答“是”的得1分，4、5、6、7、8、11、18、19、20、21、22、23、24、25、26、27、28、29、30、36答“否”的得1分，加起来的总分为最后得分。

分数为25～36：说明你对自己信心十足，明白自己的优点，同时也清楚自己的缺点。不过，在此警告你一声：如果你的得分将近40的话，别人可能会认为你很自大狂傲，甚至气焰太盛。你不妨在别人面前谦虚一点，这样人缘才会好。

分数为12～24：说明你对自己颇有自信，但是你仍或多或少缺乏安全感，对自己产生怀疑。你不妨提醒自己，在优点和长处各方面并不输给别人，特别强调自己的才能和成就。

分数为 11 分以下：说明你显然对自己不太有信心。你过于谦虚和自我压抑，因此经常受人支配。从现在起，尽量不要去想自己的弱点，多往好的一面去衡量；先学会看重自己，别人才会真正看重你。

8. 自尊还是虚荣?

有个农村女孩以优异的成绩考进了城里的重点中学。班上的同学大多是城里的，有时不太在意这个女孩的情绪，在她面前炫耀自己新潮的衣着。这个女孩大受刺激，可自己又没钱买漂亮的衣服，为了面子她就开始拼命压缩伙食费，还逃课到街上的餐厅去打工。最后她终于买了自己喜欢的衣服，却因为逃课太多被学校开除了。

可能很多女孩都有这样的体验，那就是进入青春期以后，照镜子的次数就增多了，开始注意自己在别人眼里的形象。这本来是正常现象，但像刚才那个女孩一样走向极端就不好了。

美国心理学家马斯洛把人的需要分为5个层次，像金字塔一样从下往上排列，依次是：生理需要，指衣食住行，延续后代等的需要；安全需要，指对摆脱和消除各种威胁、危险的侵犯，保证人身安全、舒适等的需要；爱的需要，指对社交、友谊和爱的需要；尊重需要，指希望得到他人理解、信任、尊重以及自尊等需要；自我实现需要，指个人实现抱负、发挥生命潜力、实现自我价值的需要。第一、第二层次的需要是和动物一样的，属于低层次的需要。后面三个层次的需要，则是人类所特有的，属于高层次需要。可见自尊作为社会需要的范畴，是与人的自我意识同步发展的。

自尊心是自我意识中最敏感的一个部分，自尊心就是尊重自己的人格、荣誉，不向别人卑躬屈膝，不容别人歧视侮辱，维护自我尊严的自我情感体验。一个人有了自尊心就会有向上进步的要求，不甘落后。

有个心理学家曾经做过一个实验，就是把一个成绩平平、各方面表现都很普通的女生安排到一个新班级上课，但告诉这个班的老师和同学说这个女生具有各方面优异发展的特殊资质，并要求他们保密。结果是老师和同学在各方面都对这个女生另眼相看，有意无意地给以厚爱。这个女生不知不觉受到感染，自尊心和自信心倍增，一年以后果然各门功课的成绩都进入了优等生的行列。

可见自尊心是一种多么美好的感情，如果可以好好地利用它，就能丰富自己、提高自己。但是，自尊心不等于虚荣心，就像有的女孩表面上看起来是非常自尊、爱面子，实际上已经是走向了虚荣。比如，喜欢向别人炫耀，在穿着打扮上相互攀比，不懂装懂，听不得别人对自己的批评等，都是虚荣的表现。

我们开始提到的那个女孩就是混淆了自尊心和虚荣心，对什么是荣誉和怎样获得荣誉没有正确的认识。其实在条件允许的情况下，女孩子穿得漂亮一点无可非议，但是一味地追求外表的美丽而放弃内在气质的培养，换回的也只是虚幻的荣誉而已。居里夫人天下闻名，一生获得各种奖金10次，各种奖章16枚，各种名誉头衔117个。有一天，她的一位朋友来她家做客，忽然看见她的小女儿正在玩英国皇家学会刚刚奖给她的金质奖章，朋友大吃一惊，忙问："现在能够得到一枚英国皇家学会的奖章，是极高的荣誉，你怎么能给孩子玩呢？"居里夫人笑了笑说："我是想让孩子从小就知道，荣誉就像玩具，只能玩玩而已，绝不能永远守着它，否则就将一事无成。"

虚荣心是女孩的敌人，聪明的你知道如何对待了吗？

青春期小测试

下面有一些句子，按照跟自己的符合程度，"1"表示从不，"7"表示总是，"2、3、4、5、6"是介于这两者之间选择，越靠近"1"表示越跟自己的实际情况越不相符，越靠近"7"表示越相符，请你给自己打分。

1. 和你认识的大多数人相比，你自愧不如的时候有多少？ *

2. 你是否认为自己是一个没有价值的人？ *

3. 你对"将来有一天你认识的人会敬仰你"这个想法的信心有多大？

4. 你是否曾对自己感到失望，以至于怀疑自己是一个没有价值的人？ *

5. 你厌恶自己的时候有多少？ *

6. 一般来讲，你对自己的能力有多大的自信？

7. 你感到自己什么事都做不好的时候有多少？ *

8. 在多大程度上你担心自己能否与其他人融洽相处？ *

9. 你担心你的老师会批评你做的事情的时候有多少？ *

10. 当你一个人走进一间已经有其他人聚集在一起交谈的房间，你曾感到害怕和焦虑吗？ *

11. 你意识到自己的存在而感到不自在的时候有多少？ *

12. 在学习上，你在意别人把你看成是成功者还是失败者的时候有多少？ *

13. 和一群人在一起时，你是否不容易找到合适的话题？ *

14. 如果你犯了一个尴尬的错误，或者做了一件蠢事，你需要多长时间恢复过来？ *

15. 初次和陌生人见面，你是否常感到不自在？ *

16. 你担心其他人是否愿意跟你在一起的时候有多少？ *

17. 你因怕羞而感到烦恼的时间有多少？ *

18. 当你认为与你相遇的人可能看你不顺眼时，你为此感到担忧的程度有多大？ *

19. 你为别人怎样看待你而感到忧虑或烦恼的时候有多少？ *

20. 当你不得不为做一份功课而阅读和理解文章时，你为此感到忧虑的程度有多大？ *

21. 当你不得不写一篇论文来说服可能与你有不同观点的老师时，你为此感到焦虑的程度有多大？ *

22. 在做一份作业时，你感到有困难以文字形式把你的思想表达出来的情况有多少？ *

23. 在做作业时，你有困难理解你所阅读的东西的情况有多少？ *

24. 你想象自己的学习能力不如同学的时候有多少？ *

25. 交一份重要作业时，你感觉自己做得很出色的时候有多少？ *

26. 和你们同班同学相比，你觉得自己必须比他们更加努力才能得到与他们相同的分数的时候有多少？ *

27. 你是否为自己的体格或体形感到羞愧？ *

28. 你觉得你大多数的朋友在外表上比你更有吸引力的时候有多少？ *

29. 你是否时常希望或幻想自己长得更漂亮些？ *

30. 你是否曾为自己是否有吸引异性的能力而感到忧虑？ *

31. 你自信别人认为你的外表富有吸引力的程度有多大？

32. 你是否认为自己身手不够协调？ *

33. 和其他大多数人相比，你是否曾感到在运动能力上不如人？ *

34. 在参加需要身手协调的体育项目时，你是否时常担心自己能否做得好？ *

35. 你是否曾认为自己缺乏成为优秀舞蹈员的能力，或在需要协调身手的娱乐活动中做得好的能力？ *

36. 当你力图在一项体育项目上做好，并且知道其他人都在看你时，你变得紧张不安或惊惶失措的程度有多少？ *

说明：

这个量表是为了确定一个人的不足感、自卑感、自尊心的程度而设计的。通过题目的描述你可以了解自己在哪些方面有哪些不满，以及自己应该努力的方向。带 * 号的题要反向记分，也就是说，如果你是选了“3”，那么反向记分的结果就是用“7”去减“3”，应该是 4 分。最后把所有得分加起来，得分越低表示自尊越低，得分高表示自尊高。

来源：《性格与社会心理测量总览》

（Robinson，Shaver，Wrightsman 主编，杨宜音、张志学译．）

9. 青春风暴期
——反抗心理

早上雯雯要出门的时候，忽然想起天气预报好像说今天的降水概率是60%，正在犹豫要不要带伞的时候，妈妈说："雯雯，带伞了没有？今天要下雨。"结果雯雯立刻就决定不带伞，带上门走了。留下妈妈在身后唠叨："这孩子，这么倔。"

这种有意无意的反抗可能很多女孩都有过。在每个人的发展过程中，大概存在两个反抗期：第一个是在 2～4 岁之间，几乎和自我意识发展的第一个阶段重叠，这个时候的小孩反抗的主要是父母对他们身体活动的约束；第二个反抗期是在初中阶段，反抗主要是针对一些心理内容的，比如，希望大人尊重自己，承认自己的独立等。

这个时候父母往往会觉得迷惑，小时候乖巧听话的小女孩现在怎么脾气这么大，好像就爱跟大人对着干。女孩们往往自己也不知道是怎么回事，那么回想一下，反抗父母的原因是不是以下这几条：①女孩内心的独立要求很强，但父母还没有这种思想准备或还不适应这种情况，仍然像过去那样对待自己，于是不满就导致反抗；②自主性被忽视或受到阻碍，比如父母不听取自己的意见，一味把自己放在被支配的地位；③当自己的个性受到阻碍时也会引起女孩的极度反感；④大人强迫女孩接受某种观点，这个时候孩子往往拒绝盲目接受，产生对抗。

有了这些引起对抗的导火线，女孩们就会有多种多样的反抗方式了，有的表现很强烈，态度强硬，以一种风暴式的方式来对抗那些外在的力量。这种反抗往往发生得十分迅速，常常令父母、老师措手不及，当时的任何劝导也都无济于事。但当事情过去以后，这种强烈的反抗情绪也很快消失了，来得快去得也快。还有的表现得比较隐蔽，也就是对很多事情都漠不关心，非常冷淡。常常是比较内向的女孩喜欢采取这种方式来表达自己的不满和反抗，她们不直接顶撞父母，但对他们的意见置若罔闻，根本不听。这种反抗态度和情绪不容易随着事情的过去而改变，比较固执。还有一些女孩会比较极端，当某个人某一方面引起了她的反感时，她就会把这种反感扩散到这个人的方方面面，甚至把这个人全部否定。同样当一个集体中的一个成员让她不满意时，就会发展为对这个集体中的所有成员都有排斥心理。这种扩散常常使女孩在是非面前产生困惑，在情绪的左右下，常常将一些正确的东西也排斥掉了。

为什么会出现这种反抗呢？其实前面我们都已经谈到一些了。首先是因为自我意识的高度发展。每个人都倾向于维护良好的自我形象，追求独立和自尊，但有些想法和行为不能被现实接受，屡次遭到挫折，于是就产生了一种偏激的想法，认为自己行动的障碍就是来自别人，于是就产生了反抗心理。再一个原因是这个时候的神经系统兴奋性过强，与自身行为没有协调好。由于过度兴奋，使此时的中学生对周围的各种刺激过分敏感，反应过于强烈。

但总的来说，初中时期的这种反抗都是为了获得心理上独立感受，对任何一种外在力量都会有不同程度的排斥现象。在很大程度上都是为了否认自己是儿童，想确认自己已经是大人了。

讲给少女听的**故事**

那天我和几个同学一块到公园去玩。玩累了，便在一片草地上野餐。一会儿，干净整齐的草地便狼藉不堪：塑料袋、果皮、纸屑到处都是，看着挺不顺眼。

“这不太好吧？还是把它们扔到垃圾桶里去吧！”晓鸿说。

“哟，想学雷锋做好事啊？又不是小学生了，那么幼稚！”一个同学讥讽道。

我听了这话，心里似乎有一丝反感，但那只是淡淡的一丝，并没有说什么。接着大家不以为然地走到旁边一处干净的草地上聊起来，对那一片狼藉不再理会。

一会儿，在附近玩耍的几个三四年级的小学生走过来了。他们看到满地垃圾，便上上下下地打量了我们一番，又交头接耳地嘀咕了几句，然后涌上前去收拾。

“哈哈，一群小雷锋来了！”“不过没人给他们写表扬信啊！”

我听着这话太刺耳了，望着这群天真烂漫的小学生，心潮翻滚。难道我们今天的表现就是我所认为的长大了？难道我们的所作所为就是要使自己有这种独立思想？难道这就是我们追求的做自己的主人？……面对现实，我觉得我们这几个中学生一点都没有责任感，不如几个小学生！这就是无知幼稚的我们！

我起身走了过去。默默地捡那地上的一件件废弃物……身后是一片沉寂。但我相信，他们一定会过来的。是的，不一会儿，他们都过来了。

回去的路上，我们都没有说什么。但我肯定，我们都在想着同一个问题，那就是：真正长大的人应该是什么样的？

10. 有话好好说

——代沟

许多女孩不明白自己为什么对父母的关心和建议总是感到不耐烦、不相信，甚至莫名其妙地发脾气。有些还嘴里高喊着“讨厌”、“烦人”、“多管闲事”，有时还“砰”的一声摔门，惹得爸爸妈妈伤心生气……有时也觉得这样做对不起父母，可是只要他们一干预自己的事，就觉得很烦。

其实有时候与父母发生冲突并不表示你不听话，不顺从，甚至是不尊重父母；父母对你的管教也不意味着父母不尊重自己、不信任自己。产生这些问题的原因是父母和你都没有适应青春期的急剧变化。

首先是看待父母的眼光变了。小的时候父母在你眼中可能永远都是对的，但是随着年龄的增长，你的知识增加了，与外界的接触也多了，你开始用自己的眼睛观察世界。于是父母在你的眼里不再是世界上最伟大的人了，同时你有了一批志同道合的同龄朋友，就越来越发现自己的观点和父母不一致。与父母的关系渐渐变得不像小时候那么亲密无间，仿佛存在着很多隔阂。

其次你觉得自己已经长大了，应该和父母一样有独立自主的权力。所以对父母干涉自己的“隐私权”感到很讨厌，你想自己决定穿什么样的衣服，交什么样的朋友，自己决定如何利用课余时间等。可父母总是习惯性地把你当孩子看待（其实在父母眼里你永远是个孩子），他们担心自己的女儿缺乏人生经验在外面会吃亏。有时候为了表示你自己可以做主了你就故意跟他们作对，即使明明知道他们说得有理也要顶撞一下。尤其对于他们评判自己的朋友特别不能容忍，因为这个时候的女孩非常需要和重视朋友之间的感情，彼此之间有很多的话题可以交流，像谈论各自喜爱的明星、穿流行的衣服等，往往都是父母看不惯的。

还有很重要的一点就是和父母缺乏沟通。“家家有本难念的经”不是一句空话，现代社会生活节奏越来越快，父母各自奔波劳碌，还常常要面对很多难题：夫妻感情、职业升迁的压力、社会竞争的挑战，养家育儿的艰辛等等，有时候忙了一天回到家里还要面对一个处在青春期的女儿对自己的种种不满。当然，这个时候的女孩也有很多问题要面对：繁重的功课、升学的压力、早熟的感情、同学之间的关系等。两代人各有各的难题，大家可能无意之中都忽视了彼此的关心和沟通，一条代沟就不知不觉在父母和女儿之间产生了。

但这条沟不是不能跨越的，只要用心，注意一些细节，很多问题都可以迎刃而解。当父母不接受你的意见的时候，不要就认定是他们错了，毕竟他们比你年长那么多，有些事情确实比你有经验。即使意见达不成一致，你可以表达你的不满，父母也有权表达他们的情绪。再比如，让父母接受你的独立性，他们为什么不放心你？仔细想想平时自己都有哪些让父母不放心的地方，是不是做事虎头蛇尾没有恒心，或者是丢三落四，这些在你看来是小问题，而父母却因此而不信任你。如果你能够从小事做起，渐渐改掉这些小缺点，并且常常跟父母交流沟通，问问他们在你这么大的时候都做些什么，他们的父母是怎么对待他们的，一方面可以增进彼此的感情，一方面也可以让他们通过这种回忆而更好地理解你。有话好好说，一定有利于解决问题。